초등영어 해결사! 인성까지 아우르는 최고의 영어 교육법

놀면서 배우는 엄마표 영어 보드게임

김윤신 김영미 이승연 김민정

북트리

놀면서 배우는 엄마표 영어 보드게임

김윤신 김영미 이승연 김민정

북트리

놀면서 배우는 영어 교육의
새로운 지평을 예고하며

초등영어가 도입된 지 4년쯤 되던 해에 광주의 한 초등학교에서 4학년을 지도하고 있었습니다. 그때 저는 학생들이 좋아하는 학습 활동은 각각 다르며, 자신이 좋아하는 학습 활동을 통해서 영어를 익히도록 하면 즐겁게 활동하면서 훨씬 쉽고 빠르게 익힐 것이라는 생각을 기반으로 영어 교육 방법을 연구하고 있었습니다.

다중지능이론을 기반으로 한 다양한 학습 방법을 구상해서 영어 수업을 했는데, 그 당시 일반 교과에서는 학습 속도가 느리고 모든 교과 성적이 부진한 한 학생이 유독 게임과 놀이를 하면서 영어 공부하는 것을 좋아했습니다. 활동을 선택해서 공부할 기회를 주면 항상 '게임과 놀이를 통해 영어 말하기 활동'을 선택했고, 잘하는 데 필요한 영어표현을 열심히 외우고 활용하기를 반복하였습니다. 그 학생은 1년이 지난 후 같은 학급의 다른 학생들보다 훨씬 유창하게 영어로 말하고 이는 다른 교과에도 영향을 미치는 것을 보았습니다.

듀이(John Dewey)는 100여 년 전부터 그의 저서 『교육에 있어서의 흥미와 노력』(Interest and Effort in Education)이라는 책에서 학생들은 자기가 배우는 것에 있어서 흥미와 관심사가 있을 때, 보다 적극적으로 배우려고 노력한다고 합니다. 배우는 내용이 학습자의 흥미와 관심을 불러일으켰을 때 학습의 효과가 높아진다는 것입니다.

이는 최근 긍정심리학에서 말하는 미하일 칙센트미하이(Mihaly Csikszentmihalyi)의 Flow 이론과 맥락을 같이 합니다. 즉, 학생들이 자기가 하는 일에 몰두하면 최상의 집중력을 나타내고 시간 가는 줄 모르고 그 일에 빠져들어 행복을 느끼는 최적의 학습 경험(optimal experience)을 한다는 것입니다.

최근 문명이기(文明利器)의 발달로 아이들의 흥미와 관심사는 매우 다양해졌습니다. 그중에 대표적인 것이 가상의 세계를 통한 게임과 놀이이며, 학생들은 그러한 게임과 놀이를 통해 세상을 이해하는 하나의 중요한 방식으로 받아들이고 있습니다. 게임과 놀이는 학생들의 삶과 밀접히 연결되어 있기에 동기유발이 지속될 수 있습니다. 따라서 많은 학자가 이런 놀이를 어떻게 배움으로 연결할 수 있을까 고민하며, 학습의 효과를 높이기 위해 게임과 놀이를 활용하는 많은 연구를 하고 있습니다.

정유진 선생님은 놀이를 6단계로 나누었고, 이를 다시 무기력, 승부욕을 보이는 하수의 단계, 규칙과 놀이의 기쁨을 느끼는 중수의 단계, 상대 배려와 기존의 놀이를 바꿔보거나 새로운 놀이를 만들어 내는 창조단계인 고수의 단계로 나누었습니다. 이에 비추어 본다면 이번에 광주 영어 놀이 연구회 선생님들께서 '영어라는 외국어로서의 언어를 교육하면서 어떻게 창의성과 통합적 사고능력 그리고 인성까지도 길러 줄 수 있을까?'라고 고민하며 연구하여, 그 방법적인 해답을 보드게임을 통한 영어 교육에서 찾아 책으로 펴낸 것은 그 고민에 대한 충분한 해답이 되었다고 생각합니다.

외국어 의사소통 능력은 물론 사고력, 자아 탄력성(self-resilience)뿐만 아니라 존중과 배려 등 인성교육까지 염두에 둔 영어 보드게임으로 영어를 배우게 하는 학습법은 미래사회를 살아갈 우리 학생들에게 필요한 핵심 역량을 고루 갖추게 할 것입니다.

양육자와 함께 영어 보드게임을 하면서 영어를 익히면 아이들은 심리적으로 안정되고 편안하며 자유스러운 환경으로 인해 언어 습득에 대한 불안의 장벽이 낮아지게 되어 자신 있게 도전하게 될 것이며, 영어에 흥미가 없었던 학생들도 양육자가 비계(scafolding)가 되어 학생들의 학습 효과가 더욱 향상될 수 있을 것입니다. 미하일 교수의 Flow 이론처럼 학생들이 보드게임과 영어에 흥미를 느끼고 몰두하여 높은 집중력을 나타내고, 최적의 학습 경험을 할 수 있기를 기대합니다.

바쁘고 힘든 학교 환경에서도 학습자 중심 활동에 착안하여 책을 펴내고자 노력해 온 선생님들에게 고마움과 경의를 표하며, 미래사회를 살아갈 우리 아이들을 위해, 새로운 학교 영어 교육을 필요로 하는 학생들과 교사들 그리고 학부모님들에게 『엄마표 영어 보드게임』이 새로운 지평이 되기를 바랍니다.

조영임
전 광주광역시교육청 초등영어교육담당 장학사
광주광역시 초등영어연구회 회장
광주계림초등학교. 양지초등학교 교장

목차

추천사 놀면서 배우는 영어 교육의 새로운 지평을 예고하며 004

왜 영어 보드게임이어야 하는가? 009
01. 게임으로 시작하는 엄마표 영어 009
02. 게임의 실제는 이렇습니다 013
03. 초등영어, 이것만큼은 알고 가자 016
04. 본 책의 내용과 구성 026

PART 01

01. See Spot Spell Game 강아지 점박이 스펠링 게임 ★★☆☆☆ 033
02. Sequence Letters 시퀀스 레터스 ★☆☆☆☆ 038
03. ZINGO Word Builder 징고 워드 빌더 ★★☆☆☆ 049
04. POPCORN Game 팝콘 게임 ★☆☆☆☆ 054
05. My First Bananagrams 초록 바나나그램스 ★★★☆☆ 062
06. Word on the Street 워드 온더 스트리트 ★★★★☆ 068
07. Wordsearch 워드서치 ★★★☆☆ 076
08. Dobble 도블 (동물편) ★★☆☆☆ 082
09. Paper Safari 페이퍼 사파리 ★★☆☆☆ 088
10. Go Fish 고 피쉬 (SUPERMARKET편) ★★☆☆☆ 098

PART 02

01. Chunk Game 청크말하기 게임 ★★☆☆☆ — 105

02. Grammar Matching 그래머 매칭게임 ★★★☆☆ — 111

03. In A Pickle 이너피클 ★★★☆☆ — 116

04. Picwits! 픽위츠! ★★★★☆ — 123

05. Guess Who 게스 후 ★★★☆☆ — 130

06. Feelings 내 마음이 보이니? ★★★★☆ — 135

07. Pepper's Talking Board 페퍼의 이야기 보드 ★★★★☆ — 144

08. Clue 사건의 단서 ★★★★★ — 153

09. The Game of Life 인생 게임 ★★★★☆ — 160

10. 10 Days in the USA 10일간의 미국 여행 ★★★☆☆ — 169

PART 03

01. Memory Card Game 메모리 카드 게임 ★☆☆☆☆ — 178

02. Typotionary 타이포셔너리 ★★☆☆☆ — 184

03. Sleeping Elephants 잠자는 코끼리 ★★★☆☆ — 188

04. Hangman Game 행맨 게임 ★★☆☆☆ — 193

05. Banned Word 금지어 게임 ★★★☆☆ — 198

06. Guess the Word! 단어 추리 게임 ★★★☆☆ — 202

부록 : 영어 보드게임에서 자주 쓰는 영어표현 — 207

왜 영어 보드게임이어야 하는가?

01. 게임으로 시작하는 엄마표 영어

이제 시대는 변했습니다. 어제의 지식이 오늘의 지식이 아닐 수 있습니다. 현재 우리 아이가 배우고 있는 지식은 AI가 훨씬 빠르게 습득하고, 또 수월하게 펼쳐 보일 수 있습니다. 이런 현세대의 변화를 알고는 있지만, 아직도 우리 아이들은 매일 몇십 개의 영어 단어를 외우고 문법 오류를 찾아내는데 속도를 내고 있습니다. 이는 3차 산업시대의 방법인 주입식·암기식 교육으로 인공 지능 시대의 아이들 미래를 대비시키고 있는 게 아닐까요? 4차 산업 혁명 시대에는 인간보다 AI가 더 번역을 잘합니다. 우리 아이가 AI랑 경쟁하는 교육을 계속 받게 할 것인지 아니면 AI와는 다른 차원에서 사고의 지평을 확장할 수 있는 능력 발휘의 기회를 줄 것인지 양육자는 판단하여 교육 설계를 해야 합니다. 아이의 사고 기능이 단순히 지식을 나열하는 방향으로 작용하기 시작하면 이는 쉽게 바꾸기 어렵습니다. 변혁적이고 파괴적인 혁신이 가속화되고 있는 사회에서 남다르게 생각하는 창의성, 통합적 사고력, 존중하고 배려하는 인성과 같은 소프트 스킬(Soft Skill)은 내 아이에게 심어주어야 할 가장 값진 자산입니다.

"인간에게 쉬운 일이 기계엔 어렵고 기계에 쉬운 일은 인간에게 어렵다."라는 모라벡(Moravec)의 역설을 상기하면서 AI 시대의 아이들은 과거와는 다른 목표로 학습해야 합니다. 즉, 외국어를 유창하게 잘하는 수준을 뛰어넘는 차원이 높은 목표를 세워야 합니다.

아이들에게 영어라는 외국어로서의 언어를 교육하면서 어떻게 창의성과 통합적 사고력 그리고 인성까지도 길러 줄 수 있을까요?

그 방법적인 해답을 저희는 보드게임을 통한 영어 교육에서 찾았습니다. 그러면 영어 보드게임 학습법은 어떠한 것들을 가능하게 할까요?

보드게임으로 영어를 배우면서 우리 아이는 사고의 유연성(Flexibility of thinking)을 익힙니다. 표현 방식이 다른 외국어인 영어를 활용하여 보드게임을 즐기다 보면 영어권 언어 사용자들의 사고방식과 가치관을 자연스럽게 습득합니다. 이 지점에서 아이는 폭넓은 시각으로 자유롭게 사고하고 일상의 다양한 문제 상황에 유연하고 빠르게 대처할 수 있습니다.

또한, 아이들은 영어 보드게임을 통해서 나와 다른 것에 대한 관용성(tolerance of difference)을 키웁니다. 영어 보드게임에는 영어권 국가 특유의 문화와 가치, 철학이 고스란히 담겨 있어 아이들은 따로 학습하지 않아도 보드게임을 즐기며 문화적 감수성을 기를 수 있습니다. 이러한 과정은 아이들이 다른 나라 문화의 고유성을 존중하고 이해하는 마음을 갖도록 하고, 이는 다름과 차이를 인정하게 합니다.

아이들은 목표를 달성하기 위해 자연스럽게 보드게임에 집중하고 부단히 노력을 기울이며 성취감을 얻습니다. 양육자가 재촉하거나 검사하지 않아도 스스로 알아내고 기억하려고 애씁니다. 자기 주도적으로 말하고 듣고 쓰며 입력과 출력을 반복하다 보면 시나브로 영어는 구조화되어 아이의 장기기억 안으로 자연스럽게 스며들 듯이 자리 잡습니다.

아이는 보드게임을 하면서 끊임없이 의사소통합니다. 상대방의 언어 표현에 귀를 활짝 열고 있을 뿐만 아니라 자세, 표정, 몸짓 등의 비언어적 신호(Nonlinguistic signals)까지 관찰하면서 서로의 생각과 감정을 교환합니다. 경쟁 속에서 상대의 패와 나의 패를 비교하며 게임 전략을 고안하고, 팀원들과 협력하여 친밀한 관계를 맺으며, 때론 의견 차이로 인한 갈등도 경험합니다. 보드게임을 통해 다양한 문제 상황에 직면하고 해결 방법을 찾아 풀어나가면서 아이는 실생활에서 문제해결력과 창의성을 키웁니다.

게임에서 항상 이길 수만은 없습니다. 실력이 부족해서일 수도 있고 또한 운이 안 좋을 때도 있겠지요. 하지만 양육자의 섬세한 보살핌이 이끄는 실패의 경험은 아이들에게 유연한 사고와 상대의 마음에 공감하는 능력을 길러줍니다. 상대가 게임을 풀어나가는 방식을 탐색하고 나와 다른 가치관과 사고방식의 차이를 배우며, 다름을 존중하고 이해하려는 태도를 기르는 것은 단언컨대 아주 중요한 인성교육입니다.

보드게임을 영어로 진행하며 양육자 혹은 교수자가 하는 질문은 기억을 단순히 재생시키는 질문이 아닌 조합적 사고(Combinational Thinking)를 끌어내는 질문입니다. 이 조합적 사고를 끌어내는 질문이란 예측, 상상 및 창조를 유도하는 질문 또는 새로운 상황 및 사실에의 적용을 유도하는 질문입니다. 즉 전자의 예로는 'How would you do that?', 'Can you show me?' 등의 질문과 'Can you see a possible solution to win?', 'How would you do it differently?'로 묻는 것입니다. 후자의 예로는 'How do you want to change this game?', 'Yes, you won. What part of the game was the crisis?' 등으로 물을 수 있습니다. 아이는 자신이 생각한 전략을 되새겨서 정리하고, 이를 영어로 발화하면서 무엇보다도 복잡한 사고의 과정을 거치는데 이는 사고력을 신장시키는 아주 중요한 훈련입니다.

또한, 보드게임을 진행하면 아이들은 자아 탄력성이라는 사회적 기술을 습득합니다. 이 자아 탄력성은 여러 하위 요소로 이루어져 있습니다. 먼저 대인 관계 요소는 다른 사람의 긍정적 관심을 얻는 능력, 활기차게 삶의 문제를 해결하는데 활동적·환기적 접근을 하는 능력을 말합니다. 감정통제 요소는 괴로운 상황에서도 자신의 경험을 구성적으로 인식하는 능력입니다. 낙관성도 자아 탄력성의 중요한 요소인데 삶의 의미에서 긍정적인 신념을 유지하는 능력을 뜻합니다. 이는 계속해서 변화하며 늘 새로운 위기가 발생할 수 있는 미래사회에서 꼭 필요한 능력입니다.

영어 보드게임은 당연히 영어학습 자체에도 큰 도움이 됩니다.

영어 보드게임은 많은 양의 이해 가능한 입력 언어(Comprehensible Input)가 다양한 형태로 반복 활용될 수 있는 환경을 자연스럽게 조성합니다. 영미 문화권이 아닌 이상 우리 아이에게 영어 활용 환경은 절대적으로 부족합니다. 하지만 영어 보드게임을 즐기는 동안 영어학습의 필요조건인 영어의 입력(Input)과 양적 사용(Use Opportunity)을 충분히 확보할 수 있습니다.

영어 보드게임으로는 다음의 영어 의사소통 능력(Communicative Competence)이 길러질 수 있습니다.

> 첫째, 게임에서 배운 영어 단어를 말하고 쓰면서 이를 이용하여 문장을 만들 수 있습니다.
> 둘째, 친구나 게임 진행자의 영어를 듣고 이해하며 영어로 대화를 주고받을 수 있습니다.
> 셋째, 상대의 말과 행동을 살피고 반응을 예상하여 상황에 따라 적절하게 영어로 말할 수 있습니다.
> 넷째, 새로 알게 된 단어나 영어표현을 일상생활에서 반복적으로 말하고 쓸 수 있습니다.
> 다섯째, 타 문화에 대한 이해와 존중을 바탕으로 세계 시민으로서의 기본예절과 소양을 갖춰 영어로 의사소통할 수 있습니다.

02. 게임의 실제는 이렇습니다

요즘 여행을 가거나 캠핑을 하러 갈 때 보드게임을 챙겨가기도 하고 캠핑장이나 숙소에서 보드게임을 대여해주기도 합니다. 〈Go Fish-고 피쉬〉와 같은 카드 게임류는 이럴 때 가지고 다니기 좋습니다. 게임판이 있는 보드게임은 게임을 위한 공간을 많이 차지하지만, 카드만으로 구성된 보드게임은 좁은 공간 안에서도 할 수 있습니다. 알고자 하는 어휘는 무엇인가요? 우리 아이의 영어 어휘력은 어떠한가요?

알파벳, 명사, 동사, 형용사, 나라 이름과 도시 이름, 여행, 집, 테마파크 등 〈Go Fish-고 피쉬〉의 영어 게임의 종류가 많아서 우리 아이의 상황에 맞추어 다양한 어휘 학습 및 말하기 연습이 가능합니다. 아이의 수준이 초급이라면 알파벳이나 명사, 동사 편을, 여행이나 캠핑을 간다면 여행 편을 추천합니다. 〈Go Fish-고 피쉬〉는 'Do you have~?'로 묻고 답하는 게 기본 규칙이지만, 규칙을 응용하면 다양한 패턴의 문장을 연습할 수 있습니다. 동사 편이라면 'Can you 동사?'로 묻고, 슈퍼마켓 편이라면 'I'm looking for 물건'으로 바꿔서 게임을 해보세요. 훨씬 더 실감 나고 재미있습니다.

〈Go Fish-고 피쉬〉에서는 상대편이 질문하는 단어의 내용을 잘 기억해야 합니다. 2명인 경우는 비교적 기억하기 쉬운데 3명 이상부터는 상대의 말에 귀 기울여야 상대의 패를 기억하고 질문을 해서 가져올 수 있습니다. 또한, 카드 개수로 승패를 좌우하는 게 아닌 그 카드에 임의로 배정된 별점의 총합을 구하는 것이기 때문에 반전이 있어 재미있습니다. 상대의 말에 관심을 집중하며 어휘를 익히는 활동은 경청하는 태도를 길러주므로 사회성 함양에 좋습니다.

고 피쉬 게임을 실제 즐기고 있는 아이들 모습

생일 파티가 있거나 아이 친구가 집에 놀러 왔을 때, 〈The Game of Life-인생 게임〉은 근사하면서 알찬 놀잇거리가 됩니다. 알록달록한 외관은 호기심을 불러일으키고, 게임의 진행 규칙은 어렵지 않으며 직관적입니다. 거기에 반전의 재미까지 있어 게임을 마치고 나면 모든 아이가 또 하고 싶어 합니다. 대학에 가거나 직업을 구하고, 가정을 이루고 집을 사고팔고 투자를 하기도 하면서 은퇴까지 가는 인생 과정을 보드게임으로 경험하다 보면 인생의 과정에 대해 생각하게 되고, 아이와 자연스럽게 가정과 인생에 대한 가치관을 말하게 됩니다. 하우스 푸어가 되어 경제 위기를 겪기도 하고, 월급이 적은 직업으로 지내다가 야간 대학에 가서 직업을 바꾸어 월급이 오르면 성취감에 들뜨기도 합니다. 액션 카드에서는 아름다운 이마 선발대회에서 상을 받기도 하고, 법정 소송에 휘말리기도 합니다. 안 좋은 사건도 생기지만 이 모든 것이 나중에 환급받는 돈이 되기도 합니다. 게임에서 사용하는 영어는 어렵지 않으며 계속 반복하기 때문에 자연스럽게 습득하게 되고, 카드에 있는 문장은 얇은 챕터북을 읽을 수 있는 Lexile

651 이상의 아이면 무난하게 읽을 수 있는 수준입니다. 인생의 희로애락을 느끼면서 취직, 결혼, 출산, 은퇴 등 다양한 인생 이벤트에 대한 영어 표현도 배울 수 있는 〈The Game of Life-인생 게임〉. 아이들이 자신도 모르는 사이에 영어에 푹 빠질 겁니다.

인생 게임을 실제 즐기고 있는 아이들 모습

보드게임이 반드시 보드게임을 사야만 즐길 수 있는 것은 아닙니다. 보드게임 없이도 영어로 충분히 게임을 즐길 수도 있습니다. 바로 타이포셔너리 같은 게임은 종이만 있으면 가능합니다.

〈Typotionary-타이포셔너리〉는 단어에 대한 이해가 있어야 할 수 있는 활동이며, 단어에 대한 장기 기억력을 높여 줍니다. 어떻게 그려 볼까 고민해서 그리면서 한 번, 워드 월(Word Wall)로 붙여놓고 한 번 더 단어의 의미에 대해 생각해보게 됩니다. 또는 작품을 활용해 게임을 하며 단어를 익힐 수도 있습니다. 그림과 글자가 잘 어우러져 사전처럼 뜻을 파악할 수 있기에 어려운 어휘일수록 더 효과적인 학습 방법입니다.

03. 초등영어, 이것만큼은 알고 가자

　초등학교 1~2학년에서는 영어를 배우지 않습니다. 학교가 아닌 가정이나 학원에서 영어를 배운 아이들도 있겠지만 상당수의 학생은 3학년 영어 시간에 'English'라는 낯선 언어와 마주합니다. 처음엔 알파벳을 쓸 줄도, 읽을 줄도 몰랐던 아이들이 3~6학년까지 꾸준히 영어 말하기, 듣기, 쓰기 등의 활동을 반복하며 친구들과 영어로 상호작용하면서 영어를 습득하는 과정을 거칩니다.

　본격적으로 영어를 배우는 3학년 시기가 되어 내 자녀의 영어를 직접 지도하다 보면 자연스럽게 학교 영어 수업이 궁금해집니다. 학교에서는 어느 정도 수준의 단어를 배우는 걸까, 영어로 수업을 하는 걸까, 우리 아이는 수업을 잘 따라가는 걸까? 궁금증이 쌓여갈 겁니다. 영어 교과서를 살펴보고 아이와 대화를 나눠봐도 의문은 쉽사리 풀리지 않습니다. 초등영어 수업, 도대체 어떻게 이루어지는 걸까요?

　흔히 학교에서는 '교과서를 가르치는 것이 아니라 교육과정을 가르친다.'라고 말합니다. 교과서는 국가에서 정한 교육과정을 기준으로 만들기 때문이죠. 초등영어 교육과정을 이해하면 초등영어 수업에 더욱 친근하게 다가설 수 있습니다.

✚ 초등영어는 듣기 말하기 중심이다?

　영어과에서는 언어 기능에 따라서 듣기, 말하기, 읽기, 쓰기의 4개 영역으로 나눕니다. 이를 다시 정리하여 듣기, 말하기는 '음성 언어'라고 하고, 읽기, 쓰기는 '문자 언어'라고 합니다. 교육과정에서는 초등 영어과의 성격을 아래와 같이 말하고 있습니다.

　"초등학교 영어는 일상생활에서 사용하는 기초적인 영어를 이해하고 표현하는 능력을 기르는 교과로써 음성 언어를 사용한 의사소통 능력 함양에 중점을 둔다."

　즉, 초등영어는 '음성 언어' 중심이라는 뜻입니다. 듣기, 말하기 중심인 거죠. 듣기는 다른 말로는 이해 활동(Input), 말하기는 표현 활동(Output)이라고 합니다. 초등영어 수업이 문자 언어가 아니라 음성 언어 중심일지라도 이해와 표현이 모두 들어있답니다.

✚ 초등영어는 읽기 쓰기 활동이 없다?

듣기, 말하기에 더 비중을 둘 뿐, 읽기, 쓰기도 학습합니다. 주로 아래와 같이 체계적으로 문자 언어를 학습합니다.

3학년: 알파벳, 낱말 읽고 쓰기
4학년: 낱말, 어구 읽고 쓰기, 문장 읽기
5학년: 문장 읽고 쓰기, 짧은 글 읽고 쓰기
6학년: 글 읽고 쓰기

물론 자유 글쓰기(Independent Writing)는 하지 않습니다. 빈칸에 단어 써넣기, 밑줄에 알맞은 어구 써넣기 등과 같은 안내된 글쓰기(Guided Writing) 활동을 합니다.

✚ 초등영어는 단어의 수가 정해져 있다?

교육과정에서는 초등학교 각 학년에서 사용할 수 있는 단어를 제한하고 있어요. 총 500개 내외입니다. 초등 3~4학년은 240개, 5~6학년은 260개입니다. 왜 그럴까요? 학생들의 학습 부담을 줄이기 위해서입니다. 어떤 사람들은 너무 제한해두어서 다양한 표현을 하기 어렵다고 말합니다. 하지만 자세히 들여다보면 그렇지 않아요. 단어의 수는 제한하지만, 흔히 말하는 'Word Family'가 제한된 게 아닙니다. 뿌리가 같은 단어는 모두 하나의 단어로 봅니다. 예를 들어 'read, reading, reads, reader' 등은 'read'라는 뿌리에서 나온 단어로 1개의 단어로 봅니다. 또한, 생활 주변에서 흔히 사용하고 있는 외래어들은 예외로 허용하고 있습니다. 아래의 단어들은 새로운 단어로 간주하지 않습니다.

alarm, album, alcohol, amateur, ambulance, apartment, arch, bacon, badminton, bag, banana, belt, bench, biscuit, bonus, box, bus, butter, cabinet, cake, calcium, camera, camp, campaign, campus, card, carol, carpet, catalogue, center, champion, channel, chart, cheese, chicken, chocolate, click, coat, coffee, comic, computer, course, court, crayon, cream, cup, data, diamond, diet, disc, doughnut, drama, dress, drill, drum, echo, elevator, elite, energy, essay, event, fashion, feminist, fence, festival, fiction, film, fork, gallery, game, gas, golf, gown, graph, guard, guitar, gum, hamburger, harmony, highlight, hint, hormone, hotel, image, interior, internet, interview, issue, jacket, jam, jazz, juice, jump, kangaroo, kiss, kiwi, laser, league, lemon, lobby, magic, manual, marathon, market, mask, medal, media, melon, member, menu, message, model, motor, mystery, news, notebook, okay, opera, orange, oven, page, panda, parade, partner, party, pen, percent, piano, pie, pilot, pipe, pizza, plastic, plug, program, project, quiz, radio, recreation, rehearsal, ribbon, robot, rocket, rugby, salad, sample, sandwich, sauce, scarf, scenario, schedule, section, seminar, service, set, shirt, skate, sketch, ski, snack, soup, spaghetti, sponsor, sport, spray, spy, staff, star, steak, stereo, studio, style, sweater, tank, taxi, team, technique, technology, television, tennis, tent, terror, ticket, toast, tomato, topic, towel, track, truck, vaccine, veil, video, villa, violin, virus, vision, waiter, website, wine, yacht (200개)

✚ 초등영어는 문장의 길이가 정해져 있다?

 초등영어는 학년 군에 따라 문장의 길이가 정해져 있습니다. 초등 3~4학년은 7단어 내외로, 5~6학년은 9단어 내외입니다. 교육과정에서 문장의 길이를 제한하기에 교과서의 문장도 모두 이 규칙을 따르고 있어요. 교과서의 문장을 보면 관계대명사 which, that 절, because 절 등을 사용해서 길게 말하는 경우가 드뭅니다. 그러나 예외가 있습니다. 'and, but, or'를 사용하는 경우는 문장의 길이를 제한하지 않아요. 'I like to read but I don't like to write.'와 같이 'but'을 사용하여 문장을 만들 때는 각 학년에 정해진 문장의 길이를 지키지 않아도 됩니다. 물론 실제 학교 현장에서 학생들을 개별 지도하다 보면 이 규칙을 지키지 않을 때도 있습니다. 학생들 수준에 맞춰서 지도하는 것이 더 실제적이고 살아있는 영어 교육이기 때문입니다.

✛ 초등영어에서는 영어만 배운다?

초등 영어과의 목표는 다음과 같아요.

> 초등학교 영어는 학습자들이 영어학습에 흥미와 자신감을 가지고 일상생활에서 사용되는 기초적인 영어를 이해하고 표현하는 능력을 길러 영어로 의사소통할 수 있는 기초를 마련한다.
>
> 가. 영어학습에 대한 흥미와 자신감을 기른다.
> 나. 자기 주변의 일상생활 주제에 관하여 영어로 기초적인 의사소통을 할 수 있다.
> 다. 영어학습을 통해 외국의 문화를 이해한다.

요약하자면 초등영어의 목표는 3가지입니다.

> 1. 영어학습에 대한 흥미와 자신감 기르기
> 2. 일상생활 속 기초 영어학습 하기
> 3. 외국의 문화 이해하기

초등영어는 영어만 학습하는 게 아니라 영어에 대한 흥미와 자신감 같은 정의적 태도를 기르고 더불어 외국 문화를 이해하여 세계 시민으로서 기본 자질과 소양을 갖추는 것을 목표로 합니다. 교육과정에서는 영어과에서 학습하는 내용을 5가지로 정합니다. '소재, 의사소통 기능, 언어 형식, 어휘, 문화'입니다. 여기에도 '문화'가 들어있습니다. 세계 여러 나라의 전통 모자나 유명한 먹거리를 알아보는 등 다른 나라 '문화'와 관련한 학습이 초등영어에서 중요하다는 것을 알 수 있습니다. 즉, 초등영어에서는 영어만 배우는 것이 아니라 영어권 국가의 사고방식, 가치관 등 문화적 측면까지 배운다고 할 수 있답니다.

✚ 초등영어교육에서 많이 쓰는 말들

아이에게 영어를 지도할 때 알아두면 좋을 용어들을 몇 가지 소개합니다. 가끔 영어 교육 관련 책자나 신문 기사를 읽다 보면 등장하는 말인데 미리 알아두면 초등영어를 이해하는 데 도움이 됩니다.

EFL(= English as a Foreign Language)

우리나라 학습자는 영어를 외국어로 배웁니다. 우리나라에서 영어를 배우는 상황을 흔히 EFL 상황이라 합니다. 비교할 단어로는 ESL이 있어요. (ESL = English as a Second Language) 제 2 언어로 영어를 배우는 상황을 의미합니다. ESL은 영어가 모국어는 아니지만, 문을 열고 나가면 바로 영어를 써야 하는 상황입니다. 영어권으로 해외 유학 또는 이민을 갔는데 영어를 익혀야 한다면? ESL 학습자인 거죠. 그렇다면 문을 열고 나갔을 때 영어를 쓸 일이 거의 없는 우리나라 학습자들은? EFL 학습자라고 합니다.

TEE(= Teaching English in English)

TEE는 영어로 영어를 가르치는 것을 의미합니다. TEE라고 해서 100% 영어로만 이루어지진 않고, 학습자의 수준 및 상황에 따라 60~100% 등으로 달라질 수 있습니다. 영어를 영어로 가르치면 어떤 점이 좋을까요? EFL 학습자인 우리 아이들에게 최대한 많은 양의 입력(Input)을 줄 수 있겠죠. 흔히 입력(Input)이 있어야 출력(Output)이 있다고 합니다. 짧은 시간 동안 최대한 많은 입력(Input)을 줄 방법으로 TEE가 이루어지고 있습니다. TEE를 통해 영어 수업 속 이루어지는 다양한 상황에서 자연스럽고 실제적인 영어 듣기 및 말하기 상황을 제공할 수 있습니다.

CI(= Comprehensible Input)

CI는 이해 가능한 입력을 뜻합니다. 영어에서 입력이란 '이해' 활동인 '듣기, 읽기'를 뜻합니다. 입력(Input)이 있어야 '말하기, 쓰기'와 같은 출력(Output)이 가능합니다. 우리 아이에게 영어를 무작정 듣게 하거나 읽게 하면 자동으로 출력(Output)이 가능할까요? 그렇지 않습니다. 전혀 알지 못하는 아프리카 원주민어를 듣는다고 생각해보세요. 한 시간, 두 시간을 몰입하여 듣는다고 해도 단어 하나의 의미조차 알아내기 힘들 수 있습니다. 영어 또한 마찬가지입니다. 세계적인 언어학자 크라센(Krashen) 교수에 따르면 입력은 '이해 가능한 입력'이어야만 효과가 있다고 합니다. 즉, 학습자가 이해할 수 있는 수준의 입력일 때, 의미 있는 학습이 이루어지고 자연스럽게 출력(Output)할 수 있다는 말입니다. 초등영어에서의 입력(Input)도 마찬가지입니다. 초등 수준에 맞는 CI를 적절히 줘야 합니다. 본 책의 보드게임에서 활용하는 영어는 학습자 단계에 따른 CI 중심으로 기술하였습니다. 더불어 각 보드게임의 특징에 따른 수준급 어휘와 표현을 제시하고 이를 사용할 기회를 주므로 언어 능력을 향상할 수 있습니다.

+ 영어과 핵심 역량

역량은 '어떤 일을 해내는 힘'을 뜻합니다. 교육과정에선 핵심 역량을 과목별로 다르게 말합니다. 영어과는 4가지 핵심 역량이 있습니다. '의사소통, 자기관리, 공동체, 지식정보처리'입니다.

1) 영어 의사소통 역량

영어로 의사소통할 수 있는 능력을 말합니다. 영어를 이해하고(듣기, 읽기), 영어로 표현하는 능력(말하기, 쓰기)이라 할 수 있습니다.

2) 자기관리 역량

영어학습에 대해 스스로 관리할 수 있는 능력을 말합니다. 영어에 대한 흥미, 영어 학습 동기, 자신의 영어 능력에 대한 자신감, 학습 전략 세우기, 자기 평가 등을 모두 포함하는 능력입니다.

3) 공동체 역량

배려와 관용, 대인 관계 능력, 문화 정체성, 언어 및 문화적 다양성에 대한 이해 및 포용 능력을 통틀어 공동체 역량이라고 합니다. 주변인들과 더불어 영어학습을 해나가는 것, 다양한 문화를 깊이 이해하는 것 등이 공동체 역량을 키울 방법이 됩니다.

4) 지식정보처리 역량

영어로 된 정보를 수집하고 분석하는 능력, 매체를 활용하여 영어학습 하는 능력, 정보 윤리를 지키면서 영어학습을 하는 것 등이 지시정보처리 역량에 해당합니다. 다양한 텍스트를 읽고 거기에서 정보를 찾아내거나 교과서 밖 매체를 통해 영어학습 하기 등으로 지식정보처리 역량을 키워나갈 수 있습니다.

영어 보드게임으로 위의 네 가지 역량을 모두 기를 수 있습니다. 기본적으로 게임에 참여하여 규칙 이해, 상대 분석, 전략 수립 등을 통해 정보처리 역량을 키울 수 있습니다. 게임 플레이어와 영어로 질의응답, 의견 교환 등의 상호작용을 하며 의사소통 능력이 향상됩니다. 나와 다른 성향, 사고방식, 가치관 등을 지닌 사람들을 인정하고 배려해야 함을 알고 공동의 목표 달성을 위해 팀원과 협력하면서 공동체 역량을 함양할 수 있습니다. 이 모든 것은 영어학습에 대한 흥미와 자신감, 높은 성취 욕구 등 자기관리 역량 상승으로 연결됩니다.

＋성취기준

성취기준은 쉽게 말해서 목표(Goal)입니다. 교육과정에선 과목별로 성취기준을 제시합니다. 영어과의 성취기준은 학년별, 언어 기능(듣기, 말하기, 읽기, 쓰기)별로 구분됩니다. 성취기준을 기반으로 학습 목표(Objective)를 세워 한 차시의 영어 수업을 설계합니다.

예를 들면, '일상생활 속의 친숙한 주제에 관해 간단히 묻거나 답할 수 있다.'가 교육과정에서 요구하는 성취기준이라고 하면 한 차시 수업 목표는 3~4학년군 말하기 성취기준으로써 '물건에 대한 가격 정보를 묻고 답할 수 있다.'로 말할 수 있습니다.

✚ 검정 교과서

　영어과 교과서는 교육부에서 고시한 교육과정에 따라 여러 출판사에서 만듭니다. 그리고 교육부에서는 이렇게 만들어진 교과서를 검토합니다. 이러한 과정을 통과한 교과서를 '검정 교과서'라고 부릅니다. 2022년 기준 초등영어 검정 교과서는 YBM(김혜리 외), YBM(최희경 외), 대교, 천재교육, 동아 출판 등 총 5가지입니다. 학교에서는 이 교과서를 검토하여 학생들 특성에 알맞은 교과서를 선정합니다. 우리 아이들이 학교에서 공부하는 영어 교과서는 모두 이 과정을 거쳤습니다.

✚ 의사소통 기능

　초등영어는 일상 대화를 11가지의 의사소통 기능 영역으로 나누어서 골고루 학습할 수 있도록 교육과정을 구성합니다. 그 11가지 영역과 예문은 다음과 같고, 이 표현들은 보드게임 속에서 빈번하게 사용되어 본 책을 구성하는 기반으로 삼았습니다.

❶ 정보 전달하기와 요구하기

예문) It's on the right/left. (그것은 왼쪽/오른쪽에 있다.)
　　　 Do you have ... ? (너는 가지고 있니?)

❷ 사실에 대한 태도 표현하기

예문) I don't think/believe so. (나는 그렇게 생각/믿지 않아.)
　　　 What do you think? (너는 어떻게 생각하니?)

❸ 지식, 기억, 믿음 표현하기

예문) Do you know (about) ... ? (너는 그것에 대해 알고 있니?)
　　　 I have no idea. (나는 생각이 없어요.)

❹ 양상 표현하기

예문) May/Can I ... ? (내가 이래도 될까?)

      Sure./Okay./All right. (물론/좋아/모두 좋아.)

❺ 의지 표현하기

예문) I want (to) ... (나는 ~을 바래.)

      Do you want (to) ... ? (너는 ~하기를 원하니?)

      Would you like ... ? (너는 ~하기를 바라니?)

❻ 감정 표현하기

예문) I'm/I feel (very/so) sad/unhappy. (나는 매우 슬픔/불행을 느껴.)

      Are you all right? (너는 괜찮니?)

      (Come on!) Cheer up! (힘내)

      What's wrong? (무엇이 잘못되었니?)

      What do you like? (너는 무엇을 좋아하니?)

❼ 도덕적 태도 표현하기

예문) That's/It's not (very) good/nice. (그것은 매우 좋지 않아.)

      It doesn't matter. (그것은 중요하지 않아.)

❽ 설득, 권고하기

예문) What/How about ... ? (~은 어때?)

      Can I help you? (내가 도와줄까?)

❾ 사교 활동하기

예문) How's it going? (잘 지내?)

      Please go ahead. (계속 해.)

❿ 담화 구성하기

예문) (Well,) I think/feel/believe ... (음, 내가 생각하기엔/느끼기엔/믿기엔 ~)
　　　I see. (알겠어.)

⓫ 의사소통 개선하기

예문) What (did you say)? (네가 뭐라고 했니?)
　　　(I beg your) pardon? (다시 말해 주겠니?)
　　　Did you say X? (너는 이렇게 말했니?)
　　　How do you spell ... ? (스펠링을 어떻게 쓰니?)

*본 글은 2015 개정 교육과정에 근거하여 서술하였습니다.
　교육부(2015). 영어과 교육과정. 교육부 고시 제2015-74호. [별책 14]

　모든 '게임 규칙 설명'과 'Dialogue'에 11가지 의사소통 기능 영역을 반영하되 미국인들이 많이 쓰는 생생한 표현을 담기 위해 미국 현지 Bixby Elementary School에서 근무하고 있는 현직 초등교사 Nick 선생님과 St. Montessory School에서 근무하시는 최은영김 선생님의 감수를 받았습니다.

04. 본 책의 내용과 구성

　본 책에 소개된 보드게임들은 영어를 학습하는데 가장 효과적인 게임들로 현직 초등교사들이 엄선하여 구성하였습니다. 교사들이 실제 교육 활동에 적용해 본 경험을 토대로 선정한 게임들을 가정에서 아이와 함께 즐겨 보세요.

　책은 크게 두 부분으로 이루어져 있습니다. 1부와 2부 '보드게임'은 '나 영이로 보드게임 좀 해봤다!' 하면 알 수 있는 영어권 국가에서 유명한 보드게임들입니다. 1부는 파닉스와 단어 익히기 위주의 게임으로 구성되어 있으며, 2부는 문장을 만들거나 상황을 설명하는 등 문법을 어느 정도 알고 말하기가 가능한 수준에서 즐길 수 있는 게임으로 구성되어 있습니다. 게임을 즐기기 위해서는 보드게임을 구매해야 하는데, 본 책에서 소개하는 게임들을 모두 구입하기보다 아이와 함께 미리 책을 잘 살펴보고 아이의 성향에 맞는 게임을 구매할 것을 권장합니다. 3부는 특별한 준비물 없이 영어 보드게임을 할 수 있는 '맨손게임'입니다. 맨손게임은 운동기구 없이도 운동을 할 수 있는 '맨손체조'처럼 보드게임을 따로 사지 않더라도 집에 있는 종이, 연필 등의 간단한 준비물만으로 진행할 수 있습니다. 이러한 맨손게임은 규칙 또한 단순해서 부담이 없습니다.

　본 책의 구성은 다음과 같습니다.
　게임의 제목과 기초 정보 중 게임 참여 인원과 난이도를 확인하세요. 난이도는 영어 사용 능력이나 사회적 기술의 활용 수준을 통합적으로 고려하여 1단계부터 5단계로 표시됩니다. 1단계는 알파벳을 익힌 모든 학생이 적응할 수 있는 수준이고, 2~3단계는 저학년 정도의 이해도와 2~3음절의 영어 단어를 사용할 수 있는 수준입니다. 4~5단계는 중학년 이상의 사회적 의사소통 능력을 갖추고 4단어 이상의 문장으로 자기 생각을 표현할 수 있는 수준입니다. 소요 시간은 게임을 1회 마무리할 때 걸리는 평균 시간을 말하지만, 참여 인원이나 아이의 수준에 따라 차이가 생길 수 있습니다. 추가로 보드게임에서는 보드게임 안에 있는 구성품을, 맨손게임에서는 게임에 필요한 준비물을 안내하였습니다. 의사소통 기능은 초등학교 영어과 교육과정에서 말하는 주요 예시문을 말합니다. 모든 영어 보드게임에서는 칭찬과 격려의 감정 표현이나 질문하고 응답하는 정보 전달과 요구 기능이 필요합니다.

'Key Words'는 보드게임에서 활용되는 핵심 단어이며 아래의 게임 요목에서는 간략한 게임 소개와 함께 해당 게임이 아이의 사회적 기술과 의사소통 능력에 어떤 도움을 줄 수 있는지 안내하였습니다.

요목을 보고 순차적으로 게임 목표와 게임 준비, 게임 규칙에 따라 게임을 본격적으로 즐기면 됩니다. '게임 규칙'에는 게임을 어떤 순서로 진행해야 하는지 구체적으로 소개하였습니다. 게임 규칙에서는 게임 설명과 함께 단계별로 사용할 수 있는 영어표현을 넣었으며 이를 부모님께서 읽어주시고 우리말로도 설명해주시면 아이가 영어로 게임을 이해하는 데 큰 도움이 됩니다. 게임을 시작하기 전에 아이와 함께 반드시 핵심 단어와 표현을 살펴보세요. 'Key Words'를 읽을 수 있는 수준에서 게임을 시작한다면 자연스럽게 핵심 표현을 반복 사용하며 숙달할 수 있습니다. 게임 중간에 단어나 문장 쓰기를 지도하면 자주 사용했던 표현에 대해서 익숙해져서 어렵지 않게 철자를 익히게 됩니다.

게임을 더욱 풍성하게, 오랫동안 즐길 수 있도록 게임 활용 꿀팁과 변형게임을 추가하였습니다. '변형게임' 규칙은 게임사에서 소개하는 정식 규칙과는 다르지만 하나의 보드게임을 다양한 방법으로 활용하는데 도움이 됩니다. 아이와 어떻게 영어로 대화를 주고받으며 게임을 해야 할지 막막할 땐 'Dialogue'를 참고하세요. 게임 전, 중, 후 아이가 반복적으로 'Dialogue' 속 표현을 말할 기회를 부여하여 아이의 일상 속으로 영어를 끌어당기세요.

보드게임 시작 전 체크리스트

아이와 함께 게임 전에 체크하세요.

메뉴	체크 사항	체크
◆구성품	필요한 물품을 준비했나요?	☑
◆인원	인원을 확인했나요?	☐
✓ Key Words	키워드를 익혔나요?	☐
게임 규칙	주요 표현을 말할 수 있나요?	☐
게임 규칙 *꿀팁!	게임의 규칙을 이해했나요?	☐
게임 목표	게임에서 이기는 방법을 알고 있나요?	☐
Dialogue	Dialogue를 실전에서도 말할 수 있을 정도로 연습했나요?	☐

보드게임 종료 후 체크리스트

아이와 함께 게임 후에 체크하세요.

메뉴	체크 사항	체크
◆ 구성품	모든 구성품을 제자리에 정리했나요?	☐
✓ Key Words	키워드를 읽고, 쓸 수 있나요?	☐
Dialogue	주요 표현을 유창하게 말할 수 있나요?	☐
✓ Key Words 게임 규칙	어려운 표현은 없었나요?	☐
✓ Key Words Dialogue	더 알아 보고 싶은 표현은 없었나요?	☐
*변형 게임	변형 게임을 즐겨 보세요.	☐
	새로운 아이디어나 소감을 나눠 보세요.	☐

PART 01

본 책의 구성 요약

① 게임의 제목과 기초 정보 중 게임 참여 인원과 난이도를 확인하세요.
(보드게임에서는 보드게임 안에 있는 구성품을, 맨손게임에서는 게임에 필요한 준비물을 안내하였습니다.)

② 의사소통 기능은 초등학교 영어과 교육과정에서 말하는 주요 예시문을 말합니다.

③ 'Key Words'는 보드게임에서 활용되는 핵심 단어입니다.

④ 게임을 시작하기 전에 아이와 함께 반드시 핵심 단어와 표현을 살펴보세요.

⑤ '게임 규칙'에는 게임을 어떤 순서로 진행해야 하는지 구체적으로 소개하였습니다.

⑥ 아이와 어떻게 영어로 대화를 주고받으며 게임을 해야 할지 막막할 땐 'Dialogue'를 참고하세요.

01. See Spot Spell Game 강아지 점박이 스펠링 게임

See Spot Spell

- ◆ 인원 : 2~6명
- ◆ 난이도 : ★★☆☆☆
- ◆ 소요시간 : 30분
- ◆ 목표 : 5개의 의미 있는 단어로 강아지 밥그릇에 먼저 채우기
- ◆ 구성품 : 메인 보드 1개, 개인 보드 4개, 칩 총 190개
- ◆ 의사소통기능 : 철자 요청하기, 철자 알려주기, 생각할 시간 요청하기

※ 제조사는 '러닝리소스'입니다.

✓ Key Words

· Chip 칩   · Red 빨간색   · Blue 파란색   · Green 초록색   · Puple 보라색
· a dog dish 강아지 밥그릇

초기 영어학습자라면 알파벳만 가지고 단어를 만들기 어렵고, 철자 암기 학습을 어려워합니다. 시각적으로 친근한 강아지 모양의 바탕에 알파벳 칩을 가져가는 조작 활동은 소근육 활동으로 민첩성을 기르면서 철자 학습을 할 수 있습니다. 친구가 내려놓은 칩을 살펴보면서 우리 아이의 관찰력과 사회성도 쑥쑥 커 갑니다. 파닉스의 기본적인 음가를 알고 단어의 뜻을 떠올려 보며 수렴적 사고를 합니다. 조합해서 만든 단어의 뜻을 새로 알아가면서 확장적 사고 활동을 할 수도 있는 응용력이 높은 게임입니다.

🚀 **게임 목표 : 5개의 알파벳을 조합하여 의미있는 단어 먼저 만들기**

1. 게임 준비

See Spot Spell 판, 4종류의 색깔 칩, 영어 사전(온라인 사전 포함)

① 메인 보드는 강아지가 먹이를 먹고 있는 모습이에요.

② 메인 보드에 4종류의 색깔 점 칩을 글자가 보이지 않게 뒤집어 골고루 채워 주세요.

③ 각자 강아지 밥그릇 모양의 개인 보드를 준비해요.

2. 게임 규칙

① 가위바위보로 게임 순서를 정해요.

📢 Play rock paper scissors.

　(가위바위보를 해봐.)

② 파랑, 빨강, 보라, 초록 4개의 카드를 무작위로 1개씩 가져가요.

📢 Take one of these colored chips randomly.

　(색깔 칩 중 하나를 무작위로 가져 가봐.)

이때, 단어를 이룰 수 있는 색깔 짝은 다음 표와 같습니다.

	조합 1	조합 2	조합 3	조합 4
자음	Green	Green	Blue	Blue
모음/이중모음	Red	Purple	Red	Purple

　게임을 여러 번 해봤다면 색깔의 짝을 스스로 찾을 수 있게 하고, 도움이 필요한 학습자라면 색깔 조합을 알려주면 좋아요.

　다음 그림은 색깔별 칩의 종류입니다.

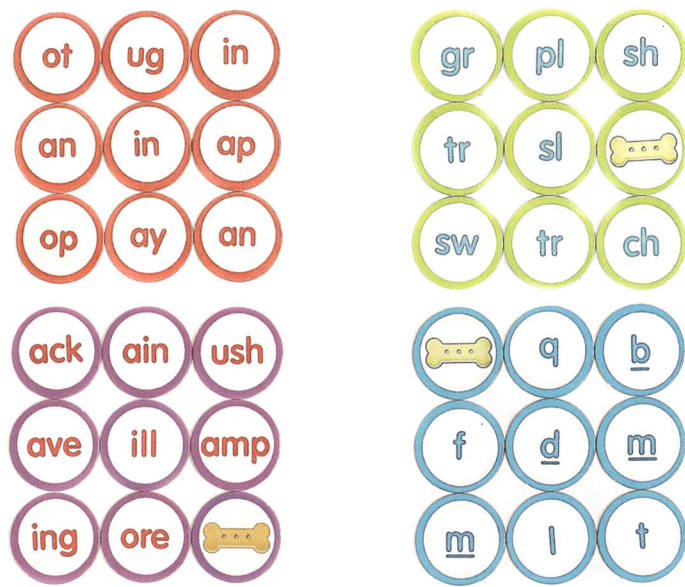

칩 종류

③ 가진 칩으로 단어를 만들 수 있으면 자기 밥그릇에 단어 철자대로 놓습니다. 만들지 못했을 때는 판으로 되돌려 놓아둡니다. 다시 놓아둘 때는 무작위로 빈칸에 놓아도 되는데 글자가 보이게 놓습니다.

📢 Make a word with two chips. (두 개의 칩으로 단어를 만들어봐.)

📢 Fill your dog dish with five different words.
(강아지 밥그릇에 다섯 개의 단어를 채우렴.)

📢 Get your dog dish. (너의 강아지 밥그릇에 가져와.)

④ 3번의 순서를 반복하다가 자기 차례에 글자를 만들 수 있는 칩이 메인 보드 앞에 보인다면 보이지 않는 칩을 가져가는 대신에 보이는 칩으로 단어를 만들면 돼요.

📢 Turn over to different color. (다른 색깔을 뒤집어.)

📢 Let's make words with the chips on the dog's plate.
(강아지 판에 있는 칩으로 단어를 만들어 보자.)

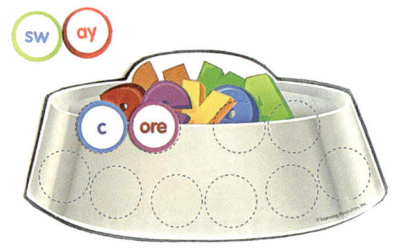

단어 조합 방법

⑤ 뼈다귀 칩은 그 안에 들어갈 알파벳을 마음대로 정하는 거예요. 예를 들면, 'trip'이라는 단어를 떠올렸는데 'tr' 칩과 '뼈다귀' 칩을 조합했다면 그 역시 점수에 포함해요.

📢 Also, have little dog bones that can be your free spot.

(또한, 단어가 되는 강아지 뼈를 가져가라.)

⑥ 가장 빨리 5개의 단어를 만든 사람이 이기게 돼요.

📢 The first person to fill a dog dish wins.

(먼저 강아지 밥그릇을 채우는 사람이 이긴단다.)

* 변형 게임

칩만으로 활동하기

① 색깔 칩을 거꾸로 뒤집어서 흩뿌려 둡니다.

② 두 가지 색깔 칩을 뒤집어서 단어가 되면 그 단어를 외치고 가져갑니다.

③ 제한된 시간(10분 정도) 안에 단어를 많이 모은 사람이 이겨요.

Dialogue

영어로 아이와 함께 게임을 즐겨 보세요.

Pick up two colored chips. What colors would you like to pick up?
2가지 색깔 칩을 골라보렴. 무슨 색깔을 고르고 싶니?

I'll choose red and blue.
저는 빨간색과 파란색을 고를 거예요.

OK, What letters did you get?
좋아, 어떤 글자를 얻었니?

I picked 'at' and 'r'.
나는 'at'와 'r'을 뽑았어요.

Can you make up any words?
너는 어떤 단어를 만들 수 있겠니?

There is no such word as 'atr'. May I think about that for a moment?
What should I do? I feel so nervous.
제 생각에는 'atr'라는 단어는 없는 것 같아요. 제가 잠깐 생각할 수 있을까요?
저 어떡하죠? 저는 정말 초조해요.

Well, just put the chip face up. Don't worry.
You'll get another chance next time.
음, 그냥 칩이 보이게 올려놓으면 돼. 걱정하지 마.
다음에 네가 아는 단어를 만들 기회가 있을 거야.

02. Sequence Letters 시퀀스 레터스

Sequence Letters

- ◆ 인원 : 2~6명
- ◆ 난이도 : ★☆☆☆☆
- ◆ 소요시간 : 15~20분
- ◆ 목표 : 4개의 게임 칩을 한 줄로 만들기
- ◆ 구성품 : 게임 보드, 게임 칩, 게임 카드
- ◆ 의사소통기능 : 확인요청하기, 열거하기, 낙담 위로하기, 안도감 표현하기

※ 제조사는 '이지투플레이'입니다.

✓ Key Words

· apple 사과 · balloon 풍선 · candle 양초 · duck 오리 · eagle 독수리 · fish 물고기
· giraffe 기린 · horse 말 · ice cream 아이스크림 · kite 연 · lamp 램프 · sun 태양
· monkey 원숭이 · nose 코 · orange 오렌지 · truck 트럭 · queen 여왕 · yarn 실
· raccoon 너구리 · pumpkin 호박 · umbrella 우산 · violin 바이올린 · watermelon 수박

Sequence Letters는 쉽게 생각하면 영어 사목입니다. 4개의 게임 칩이 한 줄에 위치하면 이기는 게임이죠. Sequence는 사전을 찾아보면 '연속적인 것들', '순서', '장면'이라는 뜻이며, 이 게임에서는 '연속적인 게임 칩들'이지요. 게임이 단순해서 알파벳만 알면 어린 아이도 게임을 즐길 수 있어요. 기초 어휘력을 키움과 동시에 알파벳 음가를 배울 수 있습니다. 아이들은 보드 판에서 연상되는 단어의 음가와 카드 사이의 연결을 통해 더 정확하게 철자를 익힙니다. 또한 친구의 카드를 눈여겨보면서 승패를 가늠하며 상호작용적으로 예상합니다.

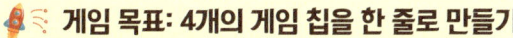 **게임 목표: 4개의 게임 칩을 한 줄로 만들기**

1. 게임 준비

Sequence Letters 게임판, 게임 칩, 게임 카드

2. 게임 규칙

① 게임 상자에서 게임 보드, 게임 카드, 칩을 모두 꺼내요.

📢 **Take all the materials out of the box.** (상자에서 게임 재료들을 모두 꺼내 봐.)

보드게임 구성품을 펼쳐둔 모습

② 게임 칩의 색깔을 골라요. 게임 플레이어가 많으면 2인 1조로 한 팀을 이뤄서 해도 됩니다.

📢 **Choose your color.** (게임 칩의 색깔을 골라보렴.)

③ 모든 카드를 잘 섞어 한 사람당 4장의 카드를 나눠요.

📢 **Shuffle the cards and hand out four cards each.**
(카드를 잘 섞어서 한 사람당 4장의 카드를 나눠 줘.)

카드 배부 후 모습

④ 나머지 카드는 앞면이 보이지 않게 게임 테이블 가운데에 올려놓아요. 우리는 이것을 Card Deck(카드덱)이라고 부릅니다.

📢 **Put the rest of the cards upside down.**
(나머지 카드는 앞면이 보이지 않게 올려놓으렴.)

⑤ 게임 플레이어들은 가위바위보로 게임 순번을 정해요.

📢 **Play rock paper scissors.** (가위바위보를 해봐.)

⑥ 첫 번째 게임 플레이어는 자신이 가지고 있는 카드 중 하나를 골라, 카드에 써진 알파벳을 크게 읽어요.

📢 **Choose one of your cards.** (가지고 있는 카드 중 하나를 골라보렴.)
📢 **Read the letter on the card.** (카드에 써진 알파벳을 크게 읽어봐.)

고른 카드를 읽기

(F라고 알파벳을 읽습니다.)

⑦ 게임 보드에서 같은 알파벳으로 시작하는 단어의 그림을 찾아요.

📢 **Find a word that starts with the same letter.**

(게임 보드에서 같은 알파벳으로 시작하는 단어를 찾아봐.)

⑧ 그림에 해당하는 단어를 큰 소리로 말한 후, 자기 게임 칩을 그림 위에 올려놓아요.

📢 **Read aloud the word.** (그 단어를 크게 읽어 봐.)

📢 **Put one chip on the picture.** (그 그림 위에 게임 칩을 놓으렴.)

단어를 말하고 게임 칩을 올려놓기

(Frog라고 말합니다.)

⑨ 사용한 카드는 한쪽에 버리고, 새 카드를 카드덱에서 가져와요.
📢 **Do you have three cards now?** (카드를 지금 세 장 가지고 있니?)
📢 **Then pick one card from the deck.** (그렇다면 카드 더미에서 1장을 가져오렴.)

⑩ 나머지 게임 플레이어들도 ⑥ ~ ⑨ 의 활동을 반복합니다.

⑪ 이 게임에는 특별한 카드가 2개 있어요. 바로 X와 Z입니다.

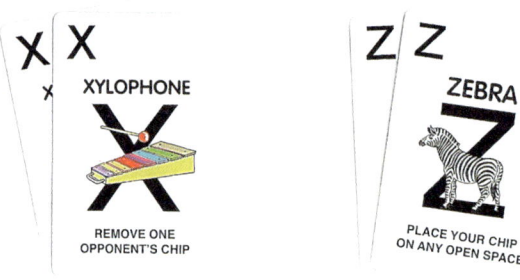

X와 Z 카드 사진

⑫ 자기 차례가 되었을 때 X 카드를 쓴다면 상대방의 게임 칩 중 아무거나 하나를 제거할 수 있어요.
📢 **Remove one of your opponent's chips.** (상대방의 게임 칩 중 하나를 제거해봐.)

⑬ 만약 내 차례에서 Z 카드를 쓴다면 아무 곳이나 빈 곳에 내 게임 칩을 1개 추가로 놓을 수 있어요.
📢 **Put one chip anywhere on the board.** (아무 곳이나 게임 칩을 1개 놓아봐.)

⑭ 게임박스에 동봉된 단어 목록을 함께 확인하면서 게임을 즐겨도 됩니다.

☞ If you don't know the words, look at the word list.
   (단어를 모를 때는 단어 리스트를 한 번 살펴봐.)

☞ (I think) you've made a mistake. (내 생각에는 네가 실수한 것 같아.)

☞ Don't worry, we can fix it. (걱정하지 마, 우리는 수정할 수 있어.)

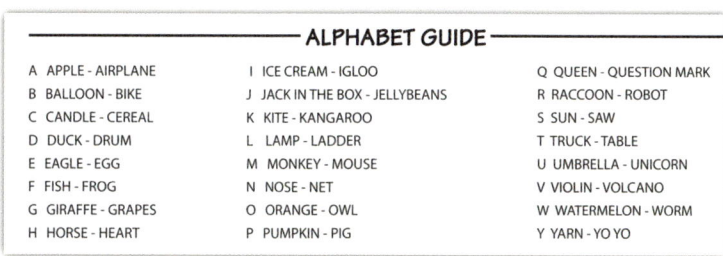

Word List 단어 리스트

⑮ 4개가 한 줄에 왔다면 '시퀀스(Sequence)'! 라고 크게 외치세요. 가장 먼저 4개의 게임 칩을 한 줄로 만든 사람이 이깁니다.

☞ A row of four? (4개가 한 줄에 왔니?)

☞ Call out 'Sequence'! ('Sequence'라고 크게 외쳐봐.)

4개의 빨간 게임 칩이 한 줄로 완성된 모습

* 꿀팁!

① Sequence Letters 게임을 하기 전에 아이와 함께 게임 보드에 있는 단어를 써보세요. 이미 아는 단어일지라도 게임에 유리할 수 있다는 것을 알기 때문에 즐겁게 학습합니다.

② 2인 1조로 할 때는 각자 1인당 카드 4장을 가지고 할 것인지 아니면 2인이 카드 4장을 함께 보면서 할 것인지 정하세요.

* 변형 게임

1. 모양 빙고로 바꾸기

게임 칩 4개가 1줄에 오는 방법 대신 특정한 모양으로 바꿔보세요. ㄱ자 모양이나 ㅁ자 모양도 좋습니다. 모양을 하나 정해서 특정 모양을 빨리 만들어 낸 사람이 이기는 것으로 규칙을 바꿔보세요.

<ㄱ자 모양>으로 만들기, <ㅁ자 모양>으로 만들기

2. 최대한 길게 연결하기

기본 게임이 빨리 끝나서 아쉬웠다면 게임 카드가 다 떨어질 때까지 또는 게임 칩이 다 떨어질 때까지 게임을 해보세요. 마지막에 가장 길게 게임 칩을 연결한 사람이 이기는 것으로 게임 규칙을 바꿔봅니다. 대신 사선 연결은 **빼고** 가로, 세로만 계산해요.

게임 칩을 최대한 길게 연결한 모습

3. 알파벳 카드 누가 누가 더 길게 연결하나?

알파벳 카드를 연결하기

① 카드를 잘 섞어서 가운데에 두어요.

② 가위바위보로 순서를 정해요.

③ 순서대로 카드 더미에서 한 장씩 카드를 가져와요.

④ 카드를 가져올 때는 카드에 쓰여 있는 알파벳을 큰 소리로 읽어요.

⑤ 가져온 카드를 알파벳 순서대로 연결해요.

⑥ 카드 더미의 카드가 없어질 때까지 ③ ~ ⑤의 활동을 반복해요.

⑦ X와 Z 카드도 일반 카드로 취급해요.

⑧ 가장 길게 알파벳을 순서대로 연결한 사람이 이깁니다.

4. 게임판 직접 만들어서 하기

게임 보드에 있는 단어를 모두 익혀서 아쉽다면 게임 보드를 바꿔서 게임을 진행할 수 있어요. 아래의 사이트에 접속해서 게임 보드를 내려받아 출력해보세요. 출력해서 빈칸에 그림 대신 단어를 아이와 함께 써보세요. 게임 방식은 같지만 그림 대신 단어가 있을 뿐입니다.

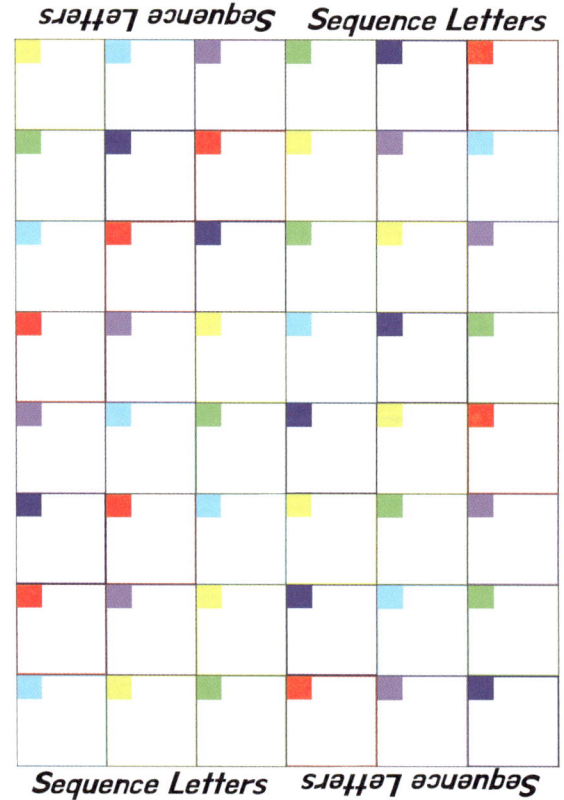

게임 보드 양식

게임판 자료 내려받기 https://blog.naver.com/reborn02/222448640540

Tip : 인쇄 옵션에서 '페이지 레이아웃'을 포스터[1x2]로 바꿔 출력하세요.

A4 2장으로 출력이 됩니다. 출력된 종이를 아래와 같이 이어 붙이고, 아이와 함께 알파벳 카드를 보면서 단어를 써보세요. D로 시작하는 단어는 무엇이 있을까? F로 시작하는 단어는? 이렇게 써가는 과정 또한 하나의 공부가 될 수 있어서 좋아요.

게임판을 출력해서 게임하기

Dialogue

영어로 아이와 함께 게임을 즐겨 보세요.

What word starts with H?
H로 시작하는 단어가 뭐가 있을까요?

When you're in trouble, look at this word list.
어려울 때는 이 단어 목록을 살펴보렴.

Did you say this list?
Some words that start with H are 'horse' and 'heart'.
이 목록을 말하는 거예요?
H로 시작하는 단어는 horse, heart가 있네요.

Now look for the picture for 'horse' or 'heart'.
이제 horse, heart에 해당하는 그림을 찾아보렴.

I put my chip on the horse and just made the sequence.
horse에 제 게임 칩을 뒀더니 sequence가 만들어졌어요.
First icecream, second apple, third fish and last is horse.
첫 번째 아이스크림, 두 번째 사과, 세 번째 생선 그리고 마지막에 말이에요.

Congratulations, you won.
축하해, 네가 이겼어.

03. ZINGO Word Builder 징고 워드 빌더

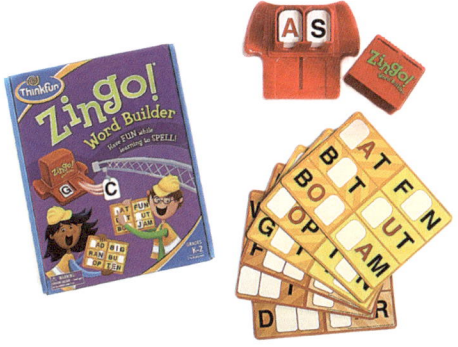

ZINGO Word Builder

- ◆ 인원 : 2~6명
- ◆ 난이도 : ★★☆☆☆
- ◆ 소요시간 : 15분
- ◆ 목표 : 알파벳 타일을 넣어 징고판 완성하기
- ◆ 구성품 : 징거(타일분배기) 1개, 징고 알파벳 타일 72개, 양면 징고판 6장
- ◆ 의사소통기능 : 동의나 이의 여부 묻기, 알고 있으면 표현하기, 알고 있는지 묻기

※ 유통사는 '코리아보드게임즈'입니다.

'Jingo Word Builder'는 징고판의 3글자로 이루어진 단어들을 완성하는 게임입니다. 한 칸에 다양한 알파벳을 넣을 수 있는데, 예를 들면 '□AT'의 빈칸에는 'B', 'C', 'F', 'H' 등을 넣어 'BAT', 'CAT', 'FAT', 'HAT'처럼 상당히 많은 단어를 만들 수 있어요. 이 게임의 장점은 알파벳 조합의 원리를 학습할 수 있다는 점입니다. 기본적으로 단어는 자음과 모음의 결합을 통해 만들어지며 특히 세글자 단어는 대부분 '자음+모음+자음'의 구성으로 이루어져 있습니다. 징고판과 타일의 알파벳들이 자음은 검은색, 모음은 빨간색으로 구분되어있어 원리를 쉽게 이해할 수 있어요. 알고 있는 단어들을 떠올려 알파벳을 조합하면서 종합적 사고를 하고, 친구의 타일 조합을 보며 승패를 예상하면서 아이들이 흥미로워하는 게임입니다.

🚀 게임 목표 : 알파벳 타일을 넣어 징고판 완성하기

1. 게임 준비

① 알파벳 타일 72장을 잘 섞은 후 징거(타일분배기) 안에 같은 높이로 쌓아서 넣어요.

📢 **Mix 72 sheets of alphabet tiles.**
  (알파벳 타일 72장을 섞으렴.)

📢 **Put them in the Zinger at the same height.**
  (그것들을 징거에 같은 높이로 넣어봐.)

징거, 타일 사진

② 각자 징고판을 하나씩 선택해요. 징고판의 양면 중 초보자는 노란색, 상급자는 주황색 면을 사용합니다.

📢 **Choose a Zingo board.** (징고판을 하나씩 고르렴.)

2. 게임 규칙

① 가위바위보로 게임 순서를 정해요.

② 순서대로 돌아가며 징거를 앞뒤로 움직여서 타일 2개를 빼요.

📢 **Move the Zinger and get two tiles.** (징거를 움직여서 타일 2개를 빼.)

징거(타일분배기) 작동 시키기

③ 나온 타일을 보고, 자기 징고판에 타일을 넣어 완성할 수 있는 단어가 있는지 확인해요. 완성할 수 있는 단어가 있다면, 완성할 단어를 빠르게 외친 후 타일을 가져와 징고판 위에 올려놓습니다.

📣 **Can you make a word with this tile?** (이 타일로 단어를 만들 수 있니?)

단어 1개 완성

④ 아무도 가져가지 않은 타일은 다시 징거 위쪽에 넣어요.

📢 **Put the tiles back into the Zinger.** (타일들을 다시 징거에 넣으렴.)

남은 타일

⑤ 가장 먼저 징고판의 6개 단어를 모두 완성한 사람은 '징고!'라고 크게 외쳐요. 먼저 '징고'를 외친 사람이 이깁니다.

📢 **You've completed all six words.**

(6개 단어를 모두 완성했구나.)

📢 **The player who shouts 'Zingo!' first wins.**

('징고'라고 처음 외친 사람이 이긴단다.)

Dialogue

영어로 아이와 함께 게임을 즐겨 보세요.

Move the Zinger and take out the tiles.
징거를 움직여서 타일을 꺼내 봐.

'I' and 'O' came out.
'I'와 'O'가 나왔어요.

Is there any word with 'I' and 'O' ? What do you think?
'I'와 'O'로 완성할 수 있는 단어가 있니? 너는 어떻게 생각하니?

The word 'Top'! I can make 'Top' with 'O'.
단어 'Top'! 'O'로 'Top'을 만들 수 있어요.

Can you pronounce 'top'?
Top 발음할 수 있니?

I can. Top.
할 수 있어요. Top.

That's right. We don't need 'I'.
Let's put the tile back in the Zinger. Now, I will take out the other tiles.
맞아. 'I'는 필요가 없네.
필요 없는 타일은 다시 징거에 넣자. 이제 엄마가 타일을 빼볼게.

Okay. 'L' and 'G' came out. 'BIG'! I'll take 'G'.
'L'과 'G'가 나왔네요. 'BIG'! 제가 'G'를 가져갈게요.

'Let'. I'll take 'L'.
'Let'. 엄마가 'L'을 가져갈게.

04. POPCORN Game 팝콘 게임

POPCORN

- ◆ 인원 : 2~5명
- ◆ 난이도 : ★☆☆☆☆
- ◆ 소요시간 : 15~30분
- ◆ 목표 : 팝콘 카드를 가장 많이 모으기
- ◆ 구성품 : 게임 상자, 팝콘 카드
- ◆ 의사소통기능 : 기억이나 망각 표현하기, 상기시켜 주기, 낙담 위로하기

※ 제조자는 '러닝리소스'입니다.

✓ Key Words

· make 만들다 · little 작은 · with ~와 함께 · and ~와/그리고 · please ~해주세요
· my 나의 · when 언제 · did 했다 · then 그때 · if 만약 · up 위로 · I 나 · she 그녀
· today 오늘 · fun 재미 · pretty 예쁜 등

Sight Words는 사용 빈도가 많은 단어를 가리키는 말입니다. 예를 들면 be, but, do, have, he, she, I 와 같은 단어들이죠. 영어권 나라에서는 읽자마자 즉각적으로 인식할 수 있는 단어라고 정의하기도 합니다. 92개의 Sight Words를 팝콘 게임으로 쉽게 학습할 수 있습니다. 규칙이 아주 단순해서 아이들이 쉽게 이해할 수 있고, 단순한 만큼 게임의 속도가 빨라서 몰입합니다. 응용의 폭도 넓기 때문에 아이들과 게임 규칙을 만들어서 진행하면 확장적으로 사고하는 능력도 길러집니다.

🚀 게임 목표: 팝콘 카드를 가장 많이 모으기

1. 게임 준비

팝콘 게임 상자, 팝콘 카드, (스피너)

2. 게임 규칙

① 팝콘 게임 상자에 팝콘 카드를 모두 넣어요.

📢 Put all of the popcorn cards into the box. (박스 안에 팝콘 카드를 모두 넣어둬.)

② 팝콘 카드의 단어 부분이 보이지 않도록 팝콘 게임 상자를 잘 정리해요.

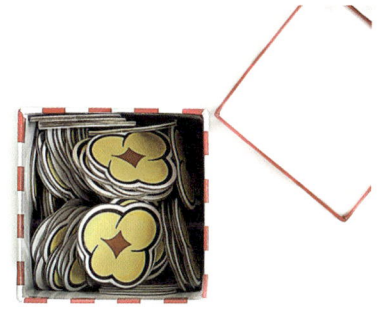

게임 준비

③ 가위바위보로 게임의 순서를 정해요.

④ 게임의 시간을 정해봐요. (예: 20분)

📢 Let's set the time-limit. (게임 시간을 정하자.)

⑤ 첫 번째 게임 플레이어가 스피너를 돌려요.

📢 Turn the spinner. (스피너를 돌려봐.)

PART 01   55

⑥ 스피너가 가리키는 숫자만큼 팝콘 카드를 꺼내요. 예를 들어 스피너의 바늘이 2를 가리키면 팝콘 카드를 2개 꺼냅니다.

※ 스피너가 없는 경우 스피너를 돌리는 과정은 생략하고 팝콘 카드를 1개씩 꺼냅니다.

📣 Take out two popcorn cards. (팝콘 카드 2장을 꺼내 봐.)

카드 꺼내기

⑦ 꺼낸 카드에 적힌 단어를 바르게 읽어요.

⑧ 바르게 읽었다면 그 카드를 가져가요.

📣 Read the words correctly and take them. (단어들을 제대로 읽고 가져가.)

자기 앞에 카드를 모아두기

⑨ 틀리게 읽었을 때는 카드를 다시 팝콘 상자에 넣어요.

📢 **You read them wrong, put them back.**

　(너 잘못 읽었구나, 그것들을 다시 가져다 놔.)

⑩ 게임 참가 순서대로 위의 과정을 반복하되, POP이라고 적힌 카드를 꺼내면 가지고 있는 팝콘 카드를 모두 팝콘 게임 상자 안에 넣습니다. (POP 카드 = 폭탄 카드)

📢 **Return all of your cards to the box.**

　(네가 가지고 있는 카드를 모두 박스에 넣으렴.)

POP 카드 뽑기, 모은 카드를 상자에 넣기

⑪ 정해진 시간이 끝났을 때 팝콘 카드를 가장 많이 가지고 있는 사람이 이겨요.

📢 **You collected the most cards.** (네가 가장 많은 카드를 모았구나.)

* **이런 팝콘 게임도 있어요!**

팝콘 게임의 버전은 Sight Words 편 외에도 5가지 정도 더 있어요.

팝콘 게임의 종류 표

* 변형게임

1. 빙고 게임

종이에 5X5(가로 5줄, 세로 5줄)로 표를 그려요. 각 칸에 팝콘 카드의 글자를 골라 적어보아요. 팝콘 게임의 기본 규칙은 같게 진행하되 꺼낸 카드를 읽고 나서 빙고 판 위에 해당 카드랑 같은 단어가 있으면 올려둡니다. 없을 때는 한쪽에 모아둬요. 빙고 판 가로, 세로, 대각선 중 한 줄이라도 먼저 완성한 사람이 이겨요. 또는 2~3줄을 먼저 완성한 사람이 이기는 것으로 바꿔도 좋아요.

빙고 판 예시 - 팝콘 게임 Sight Words 1

2. 끼리끼리 모으기

Sight Words 게임은 팝콘 카드의 내용이 명사, 동사, 형용사, 관사, 부사 등으로 이루어져 있어요. 동작을 나타내는 동사를 가장 많이 모은 사람이 이기는 것으로 게임 해보세요. 아이가 품사에 대해 잘 이해하고 있다면 품사끼리 모으도록 게임을 바꿔도 됩니다. 이때 품사의 종류에 상관없이 한 종류에 대해 가장 많이 모은 사람이 이기도록 합니다. 예를 들면 명사를 9개 모은 사람과 형용사를 5개 모은 사람이 있다면 명사를 9개 모은 사람이 이기는 것이죠.

3. 팝콘 카드를 활용해서 문장 써보기

POP 카드 없이 팝콘 게임을 진행한 후에 모은 카드를 최대한 많이 활용하여 문장을 써보도록 해요. 단어를 가장 많이 활용하여 문장을 만든 사람이 이깁니다. 이때 카드로 모으지 못한 다른 단어를 추가로 활용하거나 동사의 형식을 바꿔서 쓰는 것은 허용해주세요.

4. 팝콘 카드로 보드게임 만들기

팝콘 카드를 다양한 모양으로 배치하고 시작점과 도착점을 정해서 보드게임으로 활용해요. 이때 게임 말과 주사위가 필요합니다. 시작점에서 출발하여 주사위를 굴려 나온 눈의 수만큼 이동하고, 가장 빨리 도착점에 도착한 사람이 이겨요. POP 카드도 중간에 배치하여 POP 카드에 걸리면 시작점으로 돌아가게 합니다. 이때 반드시 게임의 말이 위치한 곳의 영어 단어를 읽도록 해요.

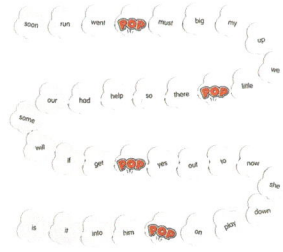

보드게임으로 바꾸기

5. Review 게임 아이디어로 활용하기

영어 문제집의 한 단원이 끝났을 때, 또는 한 권의 영어 동화책을 읽고 나서 후속 활동으로 하면 좋아요. 아이와 함께 배운 단어 또는 문장을 작은 카드에 써요. 순서대로 돌아가면서 뽑은 카드를 바르게 읽으면 해당 카드를 가져가요. 가지고 있는 팝콘 상자를 활용해도 좋아요.

*꿀팁!

① 게임 하기 전에 아이와 함께 카드에 쓰여있는 단어를 읽고 따라 하기를 두어 번 해보세요. 게임 적응과 반응 속도가 훨씬 빨라집니다.

② 한 번 뽑은 POP 카드를 다시 상자에 넣느냐 넣지 않느냐에 따라 게임 시간이 달라져요. POP 카드를 다시 상자에 넣으면 게임의 끝이 없으므로 반드시 시간을 제한하여 게임을 하세요.

Dialogue

영어로 아이와 함께 게임을 즐겨 보세요.

 I'll do the spinning. I got 'Three'.
스피너를 돌릴게요. 3이 나왔어요.

 Draw three cards. Would you like to read three cards?'
Do you remember these words?
카드를 3장 뽑으렴. 3장의 카드를 읽어 볼래?
너는 이 단어들을 기억하니?

 Soon, now and d.o.w.n. I can't remember last word.
곧, 지금 그리고 d.o.w.n. 저는 마지막 단어를 기억할 수 없어요.

 Okay. Take two cards and put one back in the box.
좋아, 2개는 가져가고 1개는 다시 박스에 돌려 넣어 두렴.

 Now, It's my turn. Spinning. I got 'two.'
이제 내 차례야. 돌린다. 나는 2가 나왔어.
Oh, my God. One of the two is the POP.
오, 이런. 2장 중 하나가 POP 카드가 나왔어.

 Things will get better, Mom. Last time I got three POP cards.
Do you remember that time? Anyway, put all your cards back into the box.
잘 될 거예요. 지난번에 저는 3장의 POP 카드를 받았어요.
그때 기억나세요? 어쨌든, 엄마가 모은 카드를 상자에 넣어요.

05. My First Bananagrams 초록 바나나그램스

My First Bananagrams

- ◆ 인원 : 1~4명
- ◆ 난이도 : ★★★☆☆
- ◆ 소요시간 : 10~15분
- ◆ 목표 : 타일들로 스펠링 정확하게 십자 단어 맞추기
- ◆ 구성품 : 소문자 타일 80개
- ◆ 의사소통기능 :

  희망, 기대 표현하기, 확실성 정도 표현하기

  ※ 제조사는 '생각투자 주식회사'입니다.

✓ Key Words

- turn 뒤집다 · face up 똑바로 · fast 빠른 · arrange 배열하다 · crossword 십자말풀이
- fix 고치다 · exchange 교환하다 · swap 바꾸다 · upside down 거꾸로
- return 반납하다 · draw 끌어당기다 · call out 외치다 · correctly 정확하게
- proper noun 고유명사 · abbreviation 약어 · rotten 썩은

알록달록한 타일로 구성된 '초록 바나나그램스'로 알파벳 철자와 발음을 쉽게 터득할 수 있습니다. 타일로 단어를 만들면서 단어 조합 원리를 자연스럽게 깨칩니다. 2개의 철자가 연결된 콤보 타일을 이용해 모음(a, e, i, ou 등)과 혼성음(br, sh, ch, th 등) 학습이 가능하며 읽고 쓸 수 있는 단어의 양이 어느새 폭발적으로 증가합니다. 철자가 틀렸을 때는 우스꽝스럽게 "썩은 바나나!"를 외치며 웃어넘길 수 있으므로 영어에 대한 부담감은 덜고 긍정적으로 학습할 수 있습니다. '까르르르'하는 즐거운 웃음과 함께 유머를 배우고, 유연하게 생각하기를 익힐 수 있어서 아이들은 틀리는 것을 두려워하지 않게 됩니다.

> 🚀 **게임 목표 : 타일들로 스펠링 정확하게 십자 단어 맞추기**

1. 게임 준비

소문자 타일 80개

① 80개의 철자 타일을 뒤집어서 바닥 위에 놓아요. 이것들을 번치(BUNCH)라고 합니다.

📢 **These tiles are called a 'bunch'.** (이 타일들을 '번치'라고 불러.)

번치(BUNCH)

② 모든 사람은 15개씩 철자 타일을 가져가요.

📢 **Take 15 tiles each.** (각자 타일을 15개씩 가져가.)

철자 타일 가져가기

2. 게임 규칙

① 게임 플레이어 중 한 명이 '렛츠 고!(Let's go)'를 외칩니다.

📢 Let's go! Start the game! (가자! 게임 시작!)

② 각자 자기 타일을 철자가 보이게 모두 뒤집은 다음, 수평이나 수직으로 타일을 연결해서 단어를 만들어요.

📢 Flip all the tiles. (모든 타일을 뒤집어놔.)

📢 Connect them vertically or horizontally. (수직이나 수평으로 그것들을 연결하렴.)

타일 뒤집기

③ 단어는 왼쪽에서 오른쪽으로 또는 위에서 아래로 읽을 수 있어야 해요. 언제든지 원하는 만큼 단어를 바꿀 수 있습니다.

📢 You can change the word anytime. (언제나 단어를 바꿀 수 있단다.)

단어 만들기

④ 게임 중 아무 때나 '스왑!(Swap)'이라고 외치면 자기 타일 하나와 번치의 타일 하나를 교환할 수 있어요. 단, 타일을 뒤집어서 번치(BUNCH)에 반납하고 반드시 새로운 타일을 가져와야 합니다.

📢 **You can exchange one tile from the bunch.**
   (너의 타일 하나와 번치의 타일 하나를 교환할 수 있어.)

📢 **Turn the tile upside down.** (타일을 뒤집어 놔.)

📢 **Draw a new tile.** (새로운 타일을 가져와.)

타일 교환하기

⑤ 자신이 가져간 모든 타일을 사용하여 단어를 만들면, '바나나(Banana)'라고 외칩니다.

📢 **When all your tiles are used up, call out 'Banana!'.**
   (모든 타일을 사용해서 단어를 만들었다면 '바나나!'라고 외쳐.)

⑥ 동시에 모두 게임을 중단하고 '바나나!'라고 외친 사람의 철자가 맞는지 확인해요.

📢 **Stop the game!** (게임 중단!)

📢 **Check if the words are spelled correctly.**
   (단어의 철자가 올바른지 확인해봐.)

⑦ 철자가 잘못된 단어나 고유명사, 약어를 발견하게 되면 '썩은 바나나(Rotten banana)'라고 외치고 다시 게임을 이어 합니다.

📢 Here's a(an) (misspelled word/proper noun/abbreviation).
(여기에 철자 틀린 단어/고유명사/약어가 있구나.)

📢 This is a 'Rotten banana'. (이건 썩은 바나나야.)

⑧ '바나나(Banana)'라고 외친 사람의 단어가 제대로 되었다면 그 사람이 이깁니다.

📢 Every word is correct. (모든 단어가 바르게 되어 있구나.)

✽ 꿀팁!

① 이제 막 알파벳을 배우는 아이라면 순발력을 이용한 미니게임으로 즐겁게 학습할 수 있어요.
 - 미니게임 예시: ABC 순서 맞추기, 소리에 맞는 철자 찾기, 자기 이름 만들기 등

② 소문자 타일을 이용한 게임에 익숙해졌다면 2개의 철자가 연결된 콤보 타일을 사용해서 게임 난이도를 높여보세요.
 - 콤보 타일: 모음(ai, ea, ee, oo) / 자주 쓰는 단어 조합(an, at, et, un, qu) / 혼성음(ch, sh, th, wh)

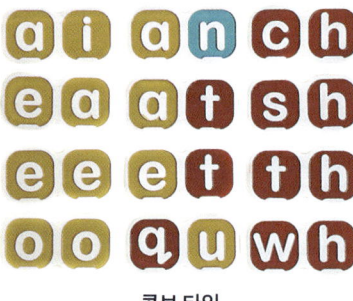

콤보 타일

Dialogue

영어로 아이와 함께 게임을 즐겨 보세요.

Shall we shout 'Let's go!' and start the game? Ready. 1, 2, 3!
'렛츠 고!(Let's go!)'를 외치고 게임을 시작해볼까? 준비. 하나 둘 셋!

Let's go!
가자!

Let's make sure the spelling is correct.
철자가 맞는지 확인해 보자.

I'm sure. It's perfect, no mistakes.
저는 확신해요. 틀린 것 없이 완벽해요.

Turn all the tiles face up as fast as you can.
모든 타일을 빠르게 뒤집으렴.

I did.
했어요.

Arrange the tiles to make a crossword.
타일을 연결해서 십자 모양으로 단어를 만들어봐.

I had hoped to make the word 'water', but I don't have a 't' tile.
저는 '물'이라는 단어를 만들고 싶은데 't'가 없어요.

In that case, shout 'Swap!'. You can exchange one tile from the bunch.
그럴 땐, 'Swap!(스왑)'을 외치렴. 너의 타일 하나를 번치에서 교환할 수 있어.

Swap! Please, let the 't' tile come out.
스왑! 제발 't' 타일이 나오게 해주세요.

06. Word on the Street 워드 온더 스트리트

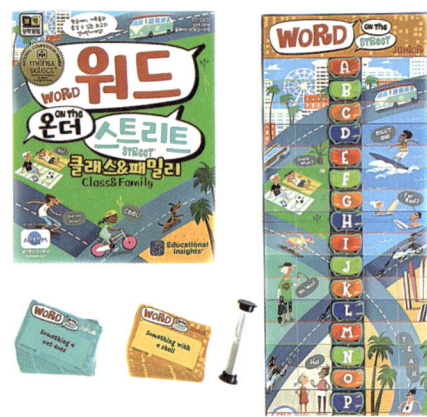

Word on the Street

◆ 인원 : 2~8명

◆ 난이도 : ★★★★☆

◆ 소요시간 : 30분

◆ 목표 :
  주제에 어울리는 단어로 8개의 알파벳 타일 모으기

◆ 구성품 : 알파벳 철자 타일 26장, 주제 카드 108장(총 216개의 주제), 30초 모래시계, 카드 정리함, 게임판

◆ 의사소통기능 : 동의하기, 이의제기하기, 동의나 이의 여부 묻기, 승인하기, 거부하기

※ 제조사는 '생각투자 주식회사'입니다.

✓ Key Words

· word 단어 · street 거리 · split 나누다 · topic 주제 · tray 상자 · opposing 서로 겨루는
· flip 뒤집다 · sand timer 모래시계 · run out 다 떨어지다 · raise 제기하다 · objection 이의

'워드 온더 스트리트'는 다양한 응답을 유도하는 확장형 질문 216개를 포함하고 있습니다. 주제에 어울리는 영어 단어를 말해서 알파벳 타일 8개를 먼저 끌어와야 이기는 게임입니다. 주제에 맞는 단어를 찾기 위해 고민하며 여러 단어 중 전략상 유리한 선택을 해야 하므로 창의적 사고력과 문제해결력을 기를 수 있습니다. 게임을 할 때마다 팀이 처한 상황이 달라서 이전과 같은 주제가 나왔을지라도 질리지 않고 오랫동안 즐길 수 있습니다.

🔊 게임 목표 : 주제에 어울리는 단어로 8개의 알파벳 타일 모으기

1. 게임 준비

알파벳 철자 타일 26장, 주제 카드 108장(총 216개의 주제),
30초 모래시계, 카드 정리함, 게임판

① 두 팀으로 나누고 사이에 게임판을 놓아요.
📣 **Let's split into two teams.** (두 팀으로 나누자.)

② 철자 타일을 알파벳 순서대로 게임판 가운데에 놓아요.

철자 타일 놓기

③ 카드 정리함에 카드를 넣고 카드의 어떤 색깔 면을 사용할지 정해요.
- 하늘색 면: 쉬운 주제, 주황색 면: 어려운 주제
📣 **Let's choose the color. Sky blue? Orange?**
(색깔을 고르자. 하늘색? 주황색?)

게임 주제 카드

2. 게임 규칙

① 모래시계와 카드 정리함을 게임판 옆에 놓고 어느 팀이 먼저 할지 순서를 정해요.

📣 Let's decide which team will go first.

(어느 팀이 먼저 할지 순서를 정하자.)

② 자기 팀의 플레이어가 주제 카드를 뽑아서 읽을 때 상대 팀은 모래시계를 뒤집습니다.

📣 Pick a theme card and read it. (주제 카드를 뽑아서 읽어봐.)

📣 Turn the sandglass upside down. (모래시계를 뒤집어.)

주제 카드 뽑아 읽기

③ 제한 시간 안에 팀원들은 함께 주제 카드에 어울리는 단어를 생각해보고 상의해서 하나를 선택해요.

📢 Discuss the words in your group and choose one.
(함께 단어들을 상의하고 하나를 골라봐.)

④ 모래시계가 다 떨어지면 선택한 단어에 있는 알파벳 철자 타일들을 자기 팀 방향으로 한 칸씩 이동시켜요. 동시에 다른 플레이어들은 단어의 철자가 정확히 맞는지 돕습니다. (사전 활용 가능)

📢 Move the alphabet tiles one by one in your direction.
(알파벳 타일들을 자기 팀 방향으로 한 칸씩 이동시키렴.)

📢 Is the word spelled correctly?
(단어의 철자가 정확하니?)

철자 타일 움직이기

<허용되는 단어>

1. 복수형 단어는 허용하되 일반적으로 단수형으로 사용하는 단어를 복수형(s)으로 바꿔서 단어의 철자 개수를 늘리는 것은 허용하지 않습니다. (Sprinkles O, Caramels X)

2. 현재 시제에 맞는 단어들만 사용합니다. (Play O, Played X)

3. 붙임표(-)가 있거나 합성어인 단어는 허용하되 두 단어는 허용하지 않습니다. (Sandbox O, Sand Dollar X)

<단어에 대한 이의제기>

1. 상대 팀이 선택한 단어가 주제에 맞지 않는다고 생각할 때 '이의제기' 가능
- '이의제기'가 맞을 때: 알파벳 타일을 전과 같은 자리로 되돌리기
- '이의제기'가 잘못될 때: 이의를 제기한 팀이 다음 자기 차례를 잃음

2. 철자가 틀릴 때 / 합성어, 붙임표(-)를 사용한 단어가 아닐 경우
- 모든 타일을 원래 자리로 옮기고 상대 팀에게 기회가 넘어갑니다.

<이의제기 절차>

1. 선택한 단어가 주제에 맞지 않음을 상대 팀에 이의 제기하기

2. 도로에 나와 있는 팀은 왜 그 주제에 맞는 단어인지를 설명하기
- 과반수의 플레이어가 설명을 이해할 때: 철자 타일 그대로 옮기기
- 과반수의 플레이어가 설명이 잘못됐다고 할 때: 철자 타일 원위치로 옮기기
- 의견이 반으로 갈릴 때: 철자 타일을 원래 자리에 돌려놓고 새로운 주제 카드를 뽑아 한 번 더 진행하기

<타일 움직이기>
1. 팀원들은 해당 단어의 철자들을 크게 말하고 철자대로 타일을 옮깁니다.
2. 차례마다 도로에 있는 팀의 플레이어 1명만이 타일을 옮길 수 있습니다.
3. 상대 팀은 타일을 옮길 수 없습니다.
4. 만약 한 팀이 타일 하나를 자기 팀 방향으로 끌어오다가 게임판에서 완전히 벗어날 경우, 해당팀은 그 타일을 가져갑니다.
5. 누군가 가져간 타일은 절대로 도로로 돌아가지 않습니다. 단, 어떤 팀이 가져간 철자를 이용해서 단어를 말해도 됩니다.

⑤ 철자 타일을 움직이고 나면, 그 팀의 차례가 종료되고 해당 주제 카드는 카드 정리함의 가장 뒤쪽에 넣어요.

📢 **Your turn is over.** (네 차례가 끝났단다.)

📢 **Put the topic card in the back.** (주제 카드는 뒤쪽에 넣으렴.)

주제 카드 넣기

⑥ 번갈아 가며 진행하다 게임판의 도로에 있는 8개의 알파벳 철자 타일을 먼저 가져간 팀이 이깁니다.

📢 **The first team to get eight letter tiles on the road wins.**
(도로에 있는 8개의 알파벳 철자 타일을 먼저 가져간 팀이 이긴단다.)

게임 승리

* **꿀팁!**

① 게임 제한 시간을 정해서 시간 내에 가장 많은 타일을 가져간 팀이 이기도록 규칙을 바꿔서 진행할 수 있어요. 만약 동점이라면? 각 팀이 얼마나 많은 타일을 도로에서 자기 쪽으로 끌어들였는지 비교해 보세요.

② 게임을 어려워하는 아이라면 주제 카드 뒤집기, 시간 재기, 단어 제안하기 등 팀에서 쉬운 역할을 부여해보세요. 게임에 참여하는 것만으로도 많은 것을 배울 수 있어요.

Dialogue

영어로 아이와 함께 게임을 즐겨 보세요.

Draw the next card. Can you read it?
다음 주제 카드를 뽑으렴. 카드를 읽을 수 있겠니?

Sure. I can read it out loud.
물론이죠. 큰 소리로 읽을 수 있어요.

Flip the sand timer.
모래시계를 뒤집어.

We chose the word 'Lion.'
우리 팀은 '사자'라는 단어를 골랐어요.

It doesn't seem right. I have an objection.
그것은 옳지 않아요. 이의제기합니다.

What's wrong?
무엇이 잘못됐니?

I don't think the word fits the topic.
단어가 주제에 맞지 않는 것 같아요.

Why do you think so?
왜 그렇게 생각하니?

07. Wordsearch 워드서치

Wordsearch

- ◆ 인원 : 2~4명
- ◆ 난이도 : ★★★☆☆
- ◆ 소요시간 : 20분
- ◆ 목표 :
  숨은 단어를 찾아 게임판에 가장 많은 마커 올리기
- ◆ 구성품 : 게임판 1개, 주제별 게임 카드 10장,
  빨강/노랑/초록/파랑 색깔 마커 각 70개
- ◆ 의사소통기능:
  철자 · 필기 요청하기, 경고하기, 주의끌기,
  격려하기

※ 유통사는 '코리아보드게임즈'입니다.

✓ Key Words

· horizontally 가로로 · vertically 세로로 · diagonally 대각선으로 · water 물 · food 음식
· body 신체 · clothes 옷 · music 음악 · flora 꽃 · animals 동물 · sea 바다 · beach 해변
· stones 암석 · farm 농장 · kitchen 부엌 · house 집 · school 학교 · cities 도시
· countries 나라 · transport 이동 수단 · fantasy 판타지 · space 우주

'Wordsearch'는 우리 아이가 단어를 암기하기 시작할 때 즐겁게 스펠링을 암기하는 데 도움을 줍니다. 많은 게임이 어느 정도 외우고 있는 단어가 있어야 즐길 수 있는데, 'Wordsearch'는 단어를 모르더라도 게임을 하며 익혀갈 수 있다는 장점이 있습니다. 가장 빠르게 게임판에서 단어를 찾아야 자기 색깔 마커를 올려둘 수 있기에, 아이가 게임에 엄청난 집중력을 발휘하여 몰입하는 모습을 볼 수 있습니다. 또한, 이기기 위해서 상대편의 숨은 단어를 찾아내되 상대에게 들키지 않기 위한 비언어적인 의사소통 능력도 함께 발달합니다.

> 🚀 **게임 목표 : 숨은 단어를 찾아 게임판에 가장 많은 마커 올리기**

1. 게임 준비

① 10장의 게임 카드 중 원하는 게임 카드를 한 장 골라요. 게임 카드는 색깔과 모양, 음악, 꽃, 우주, 이동 수단, 집, 도시, 판타지, 바다, 동물 등 총 10가지 주제로 이루어져 있습니다.

📣 **Let's pick a game card.** (게임 카드 한 장을 고르자.)

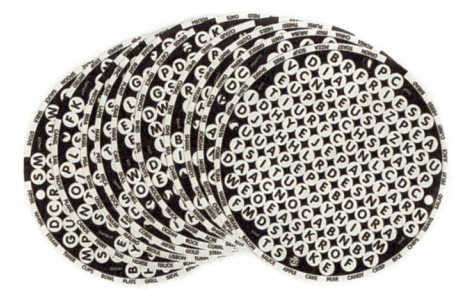

10장의 게임 카드

② 게임 카드를 게임판 사이에 끼워 조립하고, 그 위에 오목한 부분이 위로 오게 투명판을 얹어요.

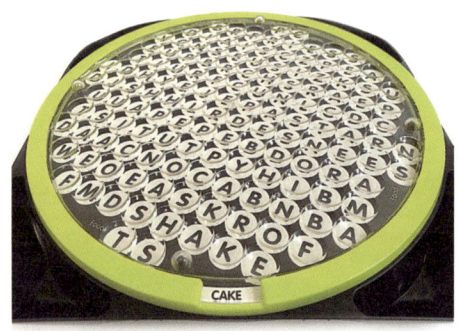

투명판의 오목한 부분이 위로 올라오도록 게임판에 올려두기

③ 각자 색깔을 하나씩 정해서 마커를 가져갑니다.

📣 Pick the color you want. (원하는 색깔의 마커를 고르렴.)

2. 게임 규칙

① 가위바위보로 게임 순서를 정해요.

📣 Let's decide the order by rock-paper-scissors.

　(가위바위보로 순서를 정하자.)

② 이긴 사람부터 순서대로 돌아가며 게임판의 연두색 링의 비어있는 부분에 단어가 보이도록 연두색 링을 돌립니다.

📣 Spin the yellow-green ring. (연두색 링을 돌려봐.)

📣 Can you see a word in this part? (이 부분에서 단어가 보이지?)

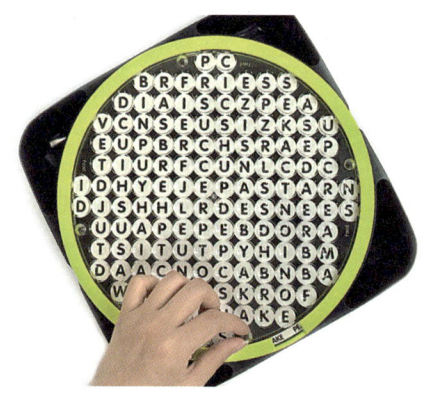

게임판의 연두색 링 돌리기

③ 다 함께 연두색 링의 비어있는 부분에 나온 단어를 큰 소리로 읽어요.

📣 Read out loud the word together.

　(그 단어를 다 같이 큰 소리로 읽어봐.)

④ 나온 단어를 게임판에서 빠르게 찾습니다. 가로, 세로, 대각선 어느 방향으로든 찾을 수 있어요.

📣 **Find the word horizontally, vertically or diagonally.**
(가로, 세로, 대각선 어느 방향으로든 찾아봐.)

⑤ 가장 빨리 단어를 찾은 사람은 'I found it!'라고 외치고 자기 색깔 마커를 찾은 단어 위에 놓아 표시해요.

📣 **When you find the word, shout 'I found it!'.**
(단어를 찾았을 때 '나 찾았어!'라고 소리쳐.)

📣 **Place your markers on the word you find.**
(찾은 단어 위에 마커를 놓아 표시해.)

게임판에 색깔 마커를 올려놓기

⑥ 다음 사람이 또 연두색 링을 돌려서 다음 단어가 나오도록 하고 앞의 순서와 같은 순서로 게임을 진행해요.

📣 **It's your turn.** (이제 네 차례야.)

⑦ 만약 이전에 찾았던 단어를 가로지르는 새 단어를 찾으면 이미 놓여있는 색깔

마커는 제거해요.

📢 **This new word crosses this marker.** (이 새 단어는 이 마커를 가로지르네.)

📢 **Remove the marker.** (그 마커를 제거해.)

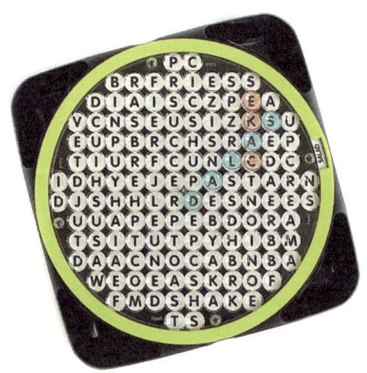

기존 색깔 마커를 가로지르기

⑧ 연두색 링이 한 바퀴 돌아서 모든 단어로 게임을 진행했거나, 누군가의 색깔 마커가 다 떨어지면 게임이 끝나요.

⑨ 게임이 끝나고 게임판 위의 색깔 마커 개수를 세어서 가장 많은 색깔 마커를 올려놓은 사람이 이깁니다.

📢 **Count the number of colored markers on the board.**
(게임판 위의 색깔 마커 개수를 세어봐.)

Dialogue

영어로 아이와 함께 게임을 즐겨 보세요.

 Now spin the light green ring.
Look out for multiple directions. Don't forget the diagonals too.
이제 연두색 링을 돌려봐.
모든 방향을 살펴봐. 대각선도 잊지 말아.

 'PIANO'!

 Look! I found it! There's PIANO here.
봐요! 저 찾았어요. 여기 PIANO가 있네요.

 That's right. You're very fast!
Put your colored markers on the word you found.
그러네, 아주 빠르구나!
찾은 글자 위에 너의 색깔 마커를 올려두렴.

 Now there are 29 colored markers of mine!
이제 저의 색깔 마커가 29개가 되었어요.

08. Dobble 도블 (동물편)

Dobble

- ◆ 인원 : 2~6명
- ◆ 난이도 : ★★☆☆☆
- ◆ 소요시간 : 10~15분
- ◆ 목표 : 빠르게 한 쌍의 같은 그림 찾기
- ◆ 구성품 : 그림 카드 55장
- ◆ 의사소통기능 :

  제안하기, 안심시키기, 안도감 표현하기

  ※ 도블(Dobble) 보드게임의 상표권 및 게임의 저작권은 '(주)행복한바오밥'에 있습니다.

✓ Key Words

· polar bear 북극곰 · pelican 펠리칸 · penguin 펭귄 · goat 염소 · owl 부엉이
· killer whale 범고래 · beaver 비버 · sea horse 해마 · turtle 거북이 · mosquito 모기

문자로만 단어를 학습하다 보면 재미도 없고 쉽게 잊혀질 수 있어요. 도블은 그림 카드로 단어를 학습할 수 있도록 도와줍니다. 예를 들어 도블 동물편으로 동물의 이름 57개를 학습할 수 있습니다. 도블은 게임의 규칙이 단순하고 최대한 빨리 같은 그림을 찾아내야 하므로 게임의 진행 속도가 빠릅니다. 도블을 통해 어휘력은 물론이고, 순발력, 시청각 인지 능력 등도 키울 수 있습니다.

🚀📣 게임 목표: 빠르게 한 쌍의 같은 그림 찾기

1. 게임 준비

도블 카드 55장, 단어 리스트 1장

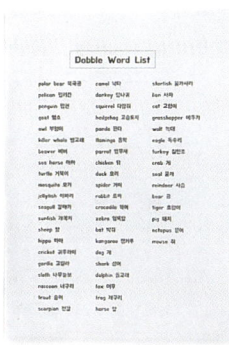

게임 준비

2. 게임 규칙

① 카드를 잘 섞어요.

② 모두에게 1장씩 뒷면으로 나눠줘요. 남은 카드 더미는 테이블 중앙에 앞면으로 둡니다.

📣 **Flip your random card.** (너의 카드 1장을 열어 보아요.)

테이블 중앙에 놓인 도블 카드 더미

③ 'Three, two, one'을 외치고 동시에 자기 카드를 공개해요.

📢 When I say three, two, one, turn the cards over at the same time.
　(3, 2, 1이라고 외치면 동시에 카드를 뒤집어.)

④ 카드 더미 맨 위 카드와 내가 가진 카드를 보고 같은 동물 1개를 빨리 찾아요.

📢 Find the same animal quickly. (같은 동물을 빨리 찾아.)

게임 장면

⑤ 만약 찾았다면 그 동물의 이름을 영어로 외쳐요.

📢 Shout out the animal's name. (그 동물의 이름을 외쳐.)

두 카드에 'Dog'가 있을 때 재빠르게 'Dog' 외치기

⑥ 가장 빨리 외친 사람은 카드 더미 맨 위의 카드 1장을 가져와 내 카드 위에 두어요.

📢 Find the same picture and take the card in the middle.

(같은 그림을 찾은 후 가운데에 있는 카드를 가져가.)

⑦ 같은 방식으로 ④ ~ ⑥의 활동을 반복해요.

⑧ 테이블 중앙에 있는 카드가 모두 없어질 때까지 게임을 진행해요.

📢 Play until all the cards in the center are gone.

(중앙에 있는 카드가 모두 없어질 때까지 게임을 하렴.)

⑨ 게임이 종료되면 카드를 가장 많이 가지고 있는 사람이 이겨요.

📢 The person who has the most cards wins.

(카드를 가장 많이 가지고 있는 사람이 이겨.)

⁕ 꿀팁!

도블 카드로 다섯 가지 미니게임을 즐길 수 있어요. The Tower, The Well, Hot Potato, The Poisoned Gift, The Triplet입니다. 모두 같은 아이템을 빨리 찾아 단어를 외쳐야 하는 방식으로 진행됩니다.

① **The Tower** : 가운데 탑을 쌓고 자신의 카드 더미로 가져오기

📢 You have a new card to compare to the new center card.

(너는 새로운 카드와 가운데 새 카드를 비교할 수 있어.)

② **The Well** : 카드 더미를 나눠 가지고 빨리 자기 카드를 가운데 제출해서 없애기

③ **Hot Potato** : 동시에 뒤집은 카드에서 같은 것을 찾으면 상대 손에 넘겨주기

📢 **How many rounds would you like to play?** (몇 라운드나 하고 싶니?)

④ **The Poisoned Gift** : 가장 카드를 적게 모으기

⑤ **The Triplet** : 3*3 배열로 놓은 카드 중 아이템이 같은 3개의 카드를 모아서 가져가기

polar bear 북극곰	camel 낙타	raccoon 너구리
pelican 펠리칸	donkey 당나귀	frog 개구리
penguin 펭귄	squirrel 다람쥐	scorpion 전갈
goat 염소	hedgehog 고슴도치	horse 말
owl 부엉이	panda 판다	starfish 불가사리
killer whale 범고래	flamingo 홍학	lion 사자
beaver 비버	parrot 앵무새	cat 고양이
sea horse 해마	chicken 닭	grasshopper 메뚜기
turtle 거북이	duck 오리	wolf 늑대
mosquito 모기	spider 거미	eagle 독수리
jellyfish 해파리	rabbit 토끼	turkey 칠면조
seagull 갈매기	crocodile 악어	crab 게
sunfish 개복치	zebra 얼룩말	seal 물개
sheep 양	bat 박쥐	reindeer 사슴
hippo 하마	kangaroo 캥거루	bear 곰
cricket 귀뚜라미	dog 개	tiger 호랑이
gorilla 고릴라	shark 상어	pig 돼지
sloth 나무늘보	dolphin 돌고래	octopus 문어
trout 송어	fox 여우	mouse 쥐

도블 동물편 단어 리스트

Dialogue

영어로 아이와 함께 게임을 즐겨 보세요.

 Turn the deck of cards face down and place them in the middle.
Each player takes a card.
카드 더미를 뒤집어서 가운데에 모아.
각자 카드를 가져가.
Now, you say three, two, one, and flip it over.
이제, 3, 2, 1 하면 카드를 뒤집는 거야.

 Let's count. Three, two, one
같이 세자. 3, 2, 1

 I'll give you a second. Don't be in a hurry. You can do it.
내가 시간을 더 줄게. 서두르지 마. 할 수 있어.

 Thanks a lot. Sounds good.
정말 고마워요. 좋아요.

 Don't focus on one thing. It can be tricky!
You can focus on color and size together. You can do it. It's easy!
한 가지에만 집중하지 마. 그건 어려울 수 있어.
색깔과 크기에 집중해봐. 할 수 있을 거야. 쉬워!

 It isn't clear because the sizes and positions of the animals are different.
크기와 방향이 다르니까 헷갈려요.

 If you look carefully, you will find it.
자세히 보면 찾을 수 있을 거야.

 Yes, I found it. The same animal is a camel.
네, 찾았어요. 같은 동물은 낙타예요.

09. Paper Safari 페이퍼 사파리

Paper Safari

- ◆ 인원 : 2~5명
- ◆ 난이도 : ★★☆☆☆
- ◆ 소요시간 : 20분
- ◆ 목표 : 카드 6장의 숫자 합을 가장 작게 만들기
- ◆ 구성품 : 카드 50장(0-10까지 각 4장, 타잔 4장, 동물 친구들 2장, 점수 토큰 12개)
- ◆ 의사소통기능 :
  오해 지적해 주기, 생각할 시간 요청하기, 요약하기

  ※ 제조사는 '만두게임즈'입니다.
  개발자 'Kevin Kim', 일러스트레이터 'Hami'

✓ Key Words

· zoo 동물원 · recently 최근 · draw 끌어당기다 · pile 더미 · discard 버리다
· run out 다 떨어지다 · leave 남기다 · shuffle 섞다 · exchange 교환하다
· regardless of ~에 상관없이 · except ~을 제외하고 · location 위치 · sum 합

알파벳과 단어를 배우기 시작한 아이, 보드게임을 많이 접해보지 않은 아이에게 영어에 대한 흥미를 끌어낼 수 있는 카드 게임 'Paper Safari'를 추천합니다. 카드에는 동물 캐릭터와 0부터 10까지의 숫자가 그려져 있는데 자신이 지닌 동물카드 6장의 숫자 합을 가장 작게 만들면 이깁니다. 규칙이 단순하여 저학년 아이도 쉽게 도전할 수 있으며 결단력과 운이라는 재미 요소가 깔려있어 중독성이 강한 게임입니다.

🚀 **게임 목표 : 카드 6장의 숫자 합을 가장 작게 만들기**

1. 게임 준비

카드 50장(0-10까지 각 4장, 타잔 4장, 동물 친구들 2장), 점수 토큰 12개

① 카드를 꺼내 섞은 후, 6장씩 나눠줘요.

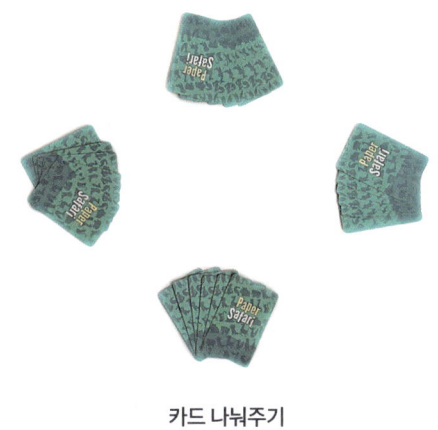

카드 나눠주기

② 남은 카드는 뒷면이 보이도록 하나의 더미로 쌓아 테이블 중앙에 놓습니다.

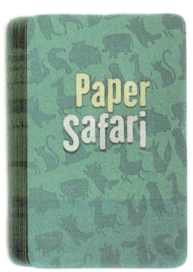

카드 더미

③ 모든 사람은 받은 카드의 앞면을 확인하지 않은 채, 자기 앞에 카드를 3장씩 2줄로 놓아요.

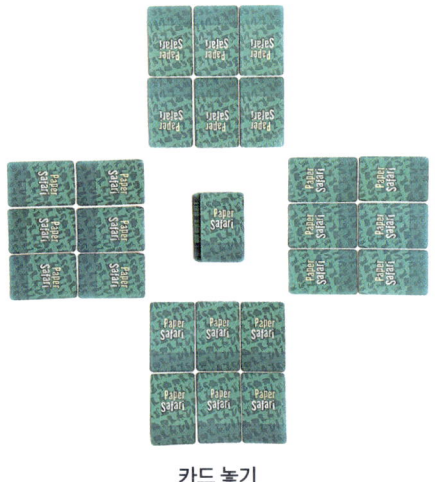

카드 놓기

④ 자기 카드 6장 중 1장을 골라 앞면으로 뒤집어요.

카드 뒤집기

⑤ 카드 더미에서 카드를 1장 펼쳐 더미 옆에 나란히 놓아두어요. 이곳을 버린 카드 더미라고 해요.

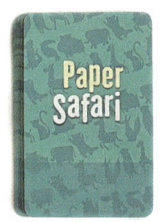

버린 카드 더미

2. 게임 규칙

① 가장 최근에 동물원을 다녀온 사람이 시작 플레이어가 되며 시계방향으로 게임을 진행해요.

📢 **Who went to the zoo recently?** (누가 최근에 동물원을 다녀왔니?)

② **카드 가져오기**: 카드 더미의 맨 위 또는 버린 카드 더미의 맨 위에서 카드를 1장 가져와요. 카드 더미가 다 떨어지면 버린 카드 더미의 맨 위 카드만 남겨두고 나머지 카드를 모두 섞어 새로운 카드 더미를 만듭니다.

📢 **Draw a card from the draw pile or the discard pile.**
(카드 더미의 또는 버린 카드 더미의 맨 위에서 카드를 1장 가져와.)

📢 **The draw pile ran out.** (카드 더미가 다 떨어졌구나.)

📢 **Shuffle all the cards and make a new one.**
(카드를 모두 섞어 새로운 카드 더미를 만들렴.)

카드 가져오기

③ **카드 바꾸기**: 카드 더미에서 카드를 가져왔다면 먼저 가져온 카드의 앞면을 공개해요. 그 카드를 자기 카드 중 하나와 바꾸거나, 바꾸지 않고 그대로 버립니다. 버린 카드 더미에서 카드를 가져왔다면, 반드시 그 카드를 자기 카드 중 하나와 바꿔요.

- 카드를 바꿀 때는 앞면이든 뒷면이든 관계없이 아무 카드와 바꿀 수 있어요.
- 뒷면인 자기 카드의 앞면을 마음대로 볼 수 없고(특수 카드 '코끼리' 예외), 자기 카드의 위치를 마음대로 바꿀 수 없어요.

📣 Show the card to the other players.
   (다른 사람들에게 그 카드를 보여줘.)

📣 You can exchange one card from the pile.
   (카드 한 장을 더미의 카드와 바꿀 수 있어.)

📣 You can discard it without exchanging.
   (바꾸지 않고 카드를 버릴 수 있어.)

📣 If you drew a card from the discard pile, you must exchange it.
   (버린 카드 더미에서 카드를 가져오면, 반드시 그 카드를 자기 카드와 바꿔야 해.)

📣 You can exchange your card with any card.
   (네 카드를 아무 카드와 바꿀 수 있어.)

📣 You can't look at the front of your cards.
   (자기 카드의 앞면을 볼 수 없어.)

📣 You can't change the location of your cards.
   (너의 카드의 위치를 바꿀 수 없어.)

Paper Safari 특수 카드

말썽꾸러기 타잔 카드

* **말썽꾸러기 타잔 카드**

- 카드 더미에서 가져온 카드가 타잔 카드라면 버리지 못하며 자신의 카드 6장 중 하나와 꼭 바꿔야 합니다. 바꾼 카드는 버리지 않고 왼쪽 사람에게 앞면이 보이게 전달합니다. 받은 사람은 그 카드와 자기 카드를 바꿔야 하는데 이때 아무 카드나 고를 수 있는 것이 아니라 타잔 카드를 뽑았던 사람이 타잔 카드를 놓은 자리와 같은 위치에 있는 카드여야 합니다. 이 과정을 반복하여 마지막 사람이 자기 카드를 버리면 끝이 납니다.

* **그 외 특수 카드**

여우, 코끼리, 동물 친구들 카드

- **여우**: 숫자 2 카드는 -2가 쓰여 있습니다. 점수 계산 시 2만큼 줄어듭니다.
- **코끼리**: 코끼리 카드를 자기 카드와 바꾸면 즉시 뒷면으로 놓여있는 자기 카드 중 1장을 혼자 확인할 수 있습니다.
- **동물 친구들**: 옆에 놓인 카드의 숫자를 복사합니다. 양쪽에 카드가 있다면 둘 중 하나를 선택해 복사합니다.

④ 카드를 버리면 다음 사람에게 차례가 넘어가요.

📣 If you discard, your turn is over. (카드를 버리면 네 차례는 끝난단다.)

⑤ 플레이어 중 1명이라도 카드 6장이 모두 앞면을 보게 되면 게임을 멈춰요.

📣 If all six cards face the front, the game ends.
(카드 6장이 모두 앞면을 보게 되면 게임을 멈춰.)

⑥ 모든 사람의 카드를 앞면으로 뒤집어서 카드 숫자의 합이 가장 적은 사람에게 토큰 하나를 줘요. 아무리 높은 숫자의 카드여도 위아래 같은 숫자가 모이면 0이 됩니다. 숫자 10의 무거운 코끼리도 0이 될 수 있어요.

게임 멈추기

☞ Add all the card numbers. (모든 카드 숫자를 더하렴.)

☞ The player with the lowest sum gets a token.

　(카드 숫자 합이 가장 적은 사람이 토큰을 1개 얻는단다.)

☞ Are the numbers at the top and bottom the same? Then it's zero.

　(위아래의 숫자가 같니? 그럼 0이 된단다.)

무거운 동물 가볍게 만들기

⑦ 3개의 토큰을 먼저 모으는 플레이어가 이겨요.

☞ The first player to collect three tokens wins.

　(토큰 3개를 먼저 모으는 플레이어가 이기는 거야.)

게임 승리

* 꿀팁!

① 숫자가 보이는 동물 카드 면에 영어로 동물의 스펠링을 써놓으면 게임을 하면서 자연스럽게 동물 이름을 익힐 수 있어요.

> parrot 앵무새, raccoon 너구리, fox 여우, meerkat 미어캣, monkey 원숭이, zebra 얼룩말, crocodile 악어, giraffe 기린, bear 곰, hippo 하마, elephant 코끼리, tarzan 타잔

② 게임 전 숫자를 영어로 익히고 카드 총점을 계산할 때도 영어를 활용해보세요.

Dialogue

영어로 아이와 함께 게임을 즐겨 보세요.

When was the last time you went to the zoo?
최근에 동물원에 다녀온 적이 언제니?

May? I went on a school field trip.
5월? 학교 체험학습에서 다녀왔어요.

The person who has been there most recently goes first.
가장 최근에 다녀온 사람이 먼저 시작하는 거야.

Stop! All my cards are facing the front.
게임을 멈춰요! 나의 모든 카드가 앞면이에요.

Let me think about that. Add up the value of all your cards.
What's the sum of your card scores?
그것에 대해 생각해보자. 카드 숫자 합을 계산해봐.
총 몇 점이니?

The sum is seven. What's your score?
합이 7점이에요. 엄마는 몇 점이에요?

10. Go Fish 고 피쉬 (SUPERMARKET편)

Go Fish

◆ 인원 : 2~5명

◆ 난이도 : ★★☆☆☆

◆ 소요시간 : 10~20분

◆ 목표 : 같은 짝의 카드를 최대한 많이 찾기

◆ 구성품 : 단어 카드 2세트(1세트 50장)

◆ 의사소통기능 : 기원하기, 충고 구하기, 승인하기

※ 상표권 및 게임의 저작권은 '(주)행복한바오밥'에 있습니다.

✓ Key Words

· shampoo 샴푸 · discount 할인 · vegetables 채소 · cabbage 양배추 · sauce 소스
· butter 버터 · toothbrush 칫솔 · frozen food 냉동음식 · bottle 병 · sugar 설탕
· salt 소금 · receipt 영수증 · coffee 커피 · price tag 가격표 · gum 껌 등 명사 50개

* Go Fish 주제마다 어휘가 달라요.

고 피쉬(Go Fish)는 단어를 외우면서 할 수 있는 게임입니다. 각 카드에 사진이나 그림이 단어와 함께 제시되어 직관적으로 뜻을 알 수 있게 해줍니다. 게임을 할 때 사용하는 표현은 기본적으로 'Do you have__?'의 형식이지만 주제에 따라 바꿀 수 있습니다. 예를 들어 '나라 이름과 도시 이름' 고 피쉬로 학습한다면 카드에 있는 내용을 활용해서 'Are you from__?'으로 바꿔 게임 할 수 있습니다. 게임을 할 때 상대의 질문을 잘 기억해야 하고, 누가 카드를 가지고 있나 상대가 궁금해할 때 표정 관리를 잘해야 합니다. 상대의 말에 관심을 갖고 경청하는 습관을 기를 수 있으며 궁극적으로 사회적 의사소통 능력이 신장하게 됩니다.

🚀 **게임 목표: 같은 짝의 카드 최대한 많이 찾기**

1. 게임 준비

고 피쉬 카드 1세트(50장)

카드 1박스에 2세트 들어있어요.

2. 게임 규칙

① 카드를 잘 섞어 각자 5장씩 나눠요.

📢 **Shuffle the cards and give five cards each.** (카드를 잘 섞어서 5장씩 나눠줘.)

② 나머지 카드는 뒷면이 보이게 테이블 중앙에 놓아요.

📢 **Put the rest of the cards in the center.** (나머지 카드는 중앙에 둬.)

5장씩 나눠주고 테이블 중앙에 카드 더미를 놓은 모습

③ 가위바위보를 하여 누가 먼저 게임을 시작할지 정해요.

④ 내 차례가 왔을 때 한 사람을 지정해서 'Do you have a(an)__?'라고 질문해요.

📣 **Ask one question on your turn.** (네 차례에 질문을 한번 하렴.)

📣 **Do you have a 'coupon' card?** (너 'coupon' 카드 있니?)

카드 5장을 들고 있는 장면

⑤ 만약 질문을 받은 사람에게 해당 카드가 있는 경우 그 사람은 'Yes, I do.'라고 말하면서, 질문한 사람에게 카드를 줘요.

📣 **Say 'Yes, I do.' and give it to them.**

('Yes, I do.'라고 말하고 카드를 줘.)

⑥ 카드를 받아 같은 카드 2장이 되면 자기 앞에 내려놓아요.

⑦ 만약 질문을 받은 사람에게 해당 카드가 없는 경우 그 사람은 'Go Fish!'라고 외쳐요.

📣 **If you don't have the card, say 'Go Fish.'**

(카드가 없으면 'Go Fish.'라고 말해.)

⑧ 질문을 했던 사람은 테이블 중앙에 있는 카드 더미에서 카드를 1장 가져와요. 카드 더미에 카드가 없을 때는 가져오지 않습니다.

📢 Draw a card from the center.

　(가운데에서 카드를 가져와야 해.)

📢 If there are no cards in the pile, you can't draw any.

　(더미에 카드가 없어지면 가져올 수 없어.)

⑨ 누군가의 손에 카드가 한 장도 없으면 게임이 종료돼요.

📢 When someone runs out of cards, the game ends.

　(모든 사람의 손에 카드가 없으면 게임이 종료돼.)

⑩ 각자 앞에 내려놓은 카드 짝의 개수를 세요.

📢 Count how many card pairs you have.

　(가지고 있는 카드 짝의 수를 세봐.)

게임이 종료되면 자기 앞에 놓인 카드 짝의 개수를 세기

⑪ 가장 많은 카드 짝을 가진 사람이 이깁니다.

📢 The player with the most cards wins.

　(카드가 많은 사람이 이겨.)

* 카드의 주제에 따라 다른 표현으로 게임을 해보세요.

· '나라 이름과 도시 이름' 편

Are you from □?

(카드를 건네주며) Yes, I am.

(카드가 없을 때) No, I'm not. 또는 Go Fish.

· '슈퍼마켓' 편

I'm looking for □.

(카드를 건네주며) Here you are.

(카드가 없을 때) We don't have it. 또는 Go Fish.

· 동네, 테마파크, 학교 편

Is there a □ in your school?

(카드를 건네주며) Yes, there is.

(카드가 없을 때) No, there isn't. 또는 Go Fish.

· 동사 편

Can you □?

(카드를 건네주며) Yes, I can.

(카드가 없을 때) No, I can't. 또는 Go Fish.

Dialogue

영어로 아이와 함께 게임을 즐겨 보세요.

 I think I will lose again.
Do you have a 'Tomato'?

제가 또 질 것 같아요.
'토마토' 카드 있어요?

 I don't have it. Calm down.
Go Fish. Good luck with your card!

나한테는 없단다. 차분하게 마음먹으렴.
고 피쉬. 행운을 빈다.

 The card I picked from the deck is 'Tomato'!

카드 더미에서 가져온 카드가 토마토예요!

 Well done! Then put down the pair of cards in front of you.

잘했구나! 그럼 네 앞에 그 카드 쌍을 내려놓으렴.

PART 02

01. Chunk Game 청크말하기 게임

Chunk Game 뭉치뭉치

- ◆ 인원 : 1~5명
- ◆ 난이도 : ★★☆☆☆
- ◆ 소요시간 : 15분
- ◆ 목표 :
  청크카드를 연결하여 영어 문장 완성하기
- ◆ 구성품 :
  카드 54장(미션카드 16장, 청크카드 38장)
- ◆ 의사소통기능 : 불만족 표현하기

※ 제조사는 '생각투자 주식회사'입니다.

✓ Key Words

- chunk 덩어리, 어구 · next Monday 다음 주 월요일 · drink milk 우유를 마시다
- eat pizza 피자를 먹다 · go to bed 자러 가다 · take a picture 사진을 찍다
- listen to music 음악을 듣다 · go to school 학교에 가다

두툼한 덩어리라는 뜻을 지닌 'Chunk'는 말뭉치(어구)로 마치 단어처럼 일상에서 자주 활용되는 말꾸러미입니다. Chunk(말뭉치)가 적힌 카드를 연결해서 말하기 연습을 할 수 있습니다. 반복해서 하다 보면 감탄문, 의문문 등 영어 문장 구조의 개념과 원리를 스스로 터득하게 됩니다. 카드 연결 시, 미션카드와 시제를 일치시켜야 하므로 말하기 연습은 물론 우리 아이의 영어 문법 실력까지 다질 수 있습니다. 상대가 무슨 카드를 내는지 잘 관찰해야 하기에 민감성이 길러지고, 자기가 내는 카드를 관리하면서 전략적으로 사고하게 됩니다.

🚀 게임 목표 : 청크카드를 연결하여 영어 문장 완성하기

1. 게임 준비

카드 54장(미션카드 16장, 청크카드 38장)

① 미션카드와 청크카드를 둘로 나누어 가운데에 놓아요.
- 미션카드는 인원수에 따라 조절하여 사용합니다.

예) 플레이어 2명: 미션카드 5장 / 플레이어 3~4명: 미션카드 10장 / 플레이어 5명: 미션카드 16장

📢 **Put two kinds of cards face down.** (2종류의 카드를 뒤집어 두렴.)

미션카드, 청크카드

② 게임 순서를 정하고 청크카드를 각자 1장씩 가져갑니다.

📢 **Take one chunk card each.** (청크카드 1장씩을 가져가렴.)

2. 게임 규칙

① 첫 번째 사람이 미션카드 1장을 뒤집어 가운데에 놓으면 게임이 시작됩니다.

📢 **Put one mission card face up.** (미션카드 1장을 앞면이 보이게 뒤집어.)

미션카드 뒤집기

② 자기 차례에서 가지고 있는 청크카드 중 미션카드 뒤에 이을 수 있는 것을 연결한 후, 문장을 읽고 해석합니다.

📢 **Connect the Chunk Card with the Mission Card.**
(미션카드 옆에 청크카드를 연결해봐.)

📢 **Say the meaning in Korean.** (우리말 뜻을 말해봐.)

청크카드 연결하기

카드 연결 조건

① 미션카드의 시제와 같은 시제의 카드만 연결할 수 있어요.

예) 과거시제 Did you, I didn't 뒤에는 yesterday, last week가 연결 가능하며 미래시제 tomorrow, next Monday는 연결할 수 없습니다.

📢 **Match the tense of the cards.** (카드들의 시제를 일치시키렴.)

② 반드시 카드 양쪽의 반원을 연결하여 원을 만들어야 해요.

청크카드 연결 모습

📢 Can you see this circle? You matched well.

(이 원 보이지? 연결을 잘했구나.)

③ 5장의 특수 카드(물음표, 느낌표)는 미션카드 문장의 마지막에 사용할 수 있습니다.

📢 Special cards come at the end. (특별한 카드는 끝에 연결해요.)

특수 카드를 사용한 문장

③ 마지막으로 카드를 연결한 사람은 모든 사람에게 'Do you have?'라고 질문해요.

📢 You should ask, 'Do you have?' ('너는 가지고 있니?'라고 질문해야 해.)

④ 연결할 카드가 더 없을 때는 'Chunk, Chunk!(뭉치뭉치)'를 외친 후 연결된 카드를 모두 가져갑니다. 특수 카드가 없어도 마지막에 카드를 연결한 사람이 카드를 모두 가져갈 수 있어요.

📢 No more cards to connect?

(연결할 카드가 없니?)

📢 Shout 'Chunk! Chunk!' and take all linked cards.

('Chunk! Chunk!'를 외치고 연결한 카드를 모두 가져가.)

⑤ 다음 사람이 미션카드를 1장 뒤집으면 모두 청크카드를 1장씩 가져가고 반복하여 게임을 진행해요. 청크카드를 1장씩 가져갔으나 미션카드에 연결할 카드가 없다면 모두 추가로 1장씩 더 가져갑니다.

📢 Turn over one mission card again. (다시 미션카드 1장을 뒤집어봐.)

📢 Take one more card each. (카드 1장씩 더 가져가라.)

⑥ 미션카드를 모두 사용했거나 가지고 갈 청크카드가 없으면 게임이 끝나요.

📢 we don't have a misson card, so the game is over.
　(미션카드가 이제 없구나, 게임이 끝났어.)

⑦ 가지고 있는 카드로 점수를 계산하고 가장 점수가 높은 사람이 이깁니다.

📢 Who has the highest points? (누구 점수가 가장 높니?)

- 카드 1장 = 100점
- 코인 1개 = 100점 (카드에 있는 코인의 수만큼 추가 점수 획득 가능)

* 꿀팁!

① 카드를 연결 후, 꼭 영어 문장을 읽고 해석을 말한 뒤 카드를 가져가요. 자신도 모르는 사이에 한 게임당 20번 이상 반복하게 됩니다.

② '문장 메모리 게임'으로 변형게임을 할 수 있어요. 미션카드 6장과 청크카드 12장을 뒤집어 놓은 후 자기 차례가 되면 1장만 뒤집습니다. 다음 순서에 문장이 만들어지면 카드를 가져가요. 카드가 가장 많은 사람이 이깁니다.

Dialogue

영어로 아이와 함께 게임을 즐겨 보세요.

Can I connect this card?
I'm not satisfied with these cards.
이 카드를 연결할 수 있나요?
나는 이 카드들이 만족스럽지 않아요.

Yes, you can. / No, you can't because the circle doesn't make.
응, 연결 가능해. / 안돼, 왜냐하면 원이 만들어지지 않았잖아.

Do you have a □ card?
너는 □ 카드를 가지고 있니?

Yes, I have that card.
네, 저는 그 카드를 가지고 있어요.

There's no card to connect.
연결할 수 있는 카드가 없구나.

Chunk, chunk!
뭉치뭉치!

02. Grammar Matching 그래머 매칭게임

Grammar Matching

- ◆ 인원 : 2~4명
- ◆ 난이도 : ★★★☆☆
- ◆ 소요시간 : 20분
- ◆ 목표 : 문법에 맞게 자신의 카드 내기
- ◆ 구성품 : 현재시제(3인칭 단수) 카드 53장, 일반 동사 부정문 카드 53장, 일반동사 의문문 카드 53장, 현재 과거 진행형 카드 53장, 활용편 카드 53장 (각각 구매 가능)
- ◆ 의사소통기능 : 알고 있음 표현하기, 정보 전달에 대해 질문하기, 확인 요청하기

※ 제조사는 '잇듀'입니다.

✓ Key Words

· match 짝을 맞추다   · subject 주어   · verb 동사

아이들이 영어를 학습할 때 문법은 높은 고비입니다. 익숙하지 않은 3인칭 단수와 같은 개념 및 문장 형식을 이해하기 위해 다양한 문장 예시를 함께 학습하면 효과적인데 이때 유용하게 활용할 수 있는 게임이 '그래머 매칭게임'입니다. 주어진 카드를 활용하여 문장을 만들면서 문법을 익힐 수 있으며, 자신의 상황에 맞게 예시 문장을 만들 수 있습니다. 정교하게 자신의 문장을 가다듬고, 특수 카드를 유연하게 사용하면서 문법 학습을 하게 됩니다.

🚀 게임 목표 : 문법에 맞게 자신의 카드 내기

1. 게임 준비

게임 카드 (보통 한 세트 또는 한 세트+활용편의 구성으로 게임을 해요.)

① 사용할 카드를 모두 섞고 한 사람당 5장씩 카드를 가져가요.
📣 Take five cards each. (5장씩 카드를 가져가.)

② 남은 카드들은 카드 더미로 쌓아 바닥 쪽으로 향하게 하여 테이블 중앙에 놓아요.
📣 Put the rest of the cards face down. (남은 카드는 뒤집어 놓으렴.)

2. 게임 규칙

① 가위바위보로 게임 순서를 정해요.
📣 Let's play rock paper scissors. (가위바위보를 하자.)

② 이긴 사람부터 순서대로 돌아가며 카드를 내려놓을 수 있어요.
📣 The winner puts down the cards. (이긴 사람은 카드를 내려놔.)

③ 각자 손에 들고 있는 카드 중 '주어+동사'를 서로 매칭 할 수 있으면 모두 내려 놓아요. 더는 매칭 할 카드가 없으면 Pass! 를 외쳐요.
📣 Do you have a pair of matching cards? (짝이 되는 카드가 있니?)
📣 Don't you have a card to play with? Say 'Pass.' (낼 카드가 없니? Pass를 말하렴.)

이때 카드를 내려놓으면서 그 문장을 영어로 말해요. 만약 가지고 있는 카드 중 '주어+동사'를 매칭할 카드가 없으면 카드 더미에서 가장 위에 놓여있는 카드를 하나 가져간 후, Pass! 를 외쳐요.

📣 Speak in English when you put down cards.
  (네가 카드를 내려놓을 때 영어로 문장을 말해야 해.)

📣 If you have no card to match, take one and say 'Pass!'.
  (만약 매칭할 카드가 없으면 '통과!'라고 말하고 카드 1장을 가져가렴.)

매칭, 비매칭 예시

단, 특수 카드는 주어 또는 동사 아무거나 대체할 수 있어요.

특수 카드 활용 예시

📣 You can use Joker cards in any place.
  (조커 카드는 어디에나 사용할 수 있어요.)

④ 3번을 반복하다 손에 있는 카드를 다 버리면 이깁니다. 만약 카드 더미가 모두 없어질 때까지 카드를 다 버린 사람이 나오지 않으면 손에 남아있는 카드가 가장 적은 사람이 이깁니다.

📣 Don't you have a card? You win. (카드가 없니? 네가 이겼구나.)

* 변형 게임

카드 수가 가장 많은 사람이 이기는 방식으로 게임을 즐기기

① 기존 게임처럼 준비한 후 추가로 활용편 카드 중 10장을 글자가 보이도록 펼쳐 놓고 나머지는 매칭 카드 더미 옆에 엎어 놓아요.

② 순서대로 돌아가며 활용편 카드에 자기 카드를 연결하여 문장을 완성해요. 한 문장에 활용편 카드를 포함해서 최대 5장까지 연결할 수 있고, 활용편 카드 여러 장을 합칠 수도 있어요.

③ 문장을 만든 사람은 해당 문장의 카드들을 가져갑니다. 가져간 카드는 점수가 되니 따로 모아둡니다. 활용편 카드를 가져간 개수만큼 활용편 카드 더미에서 가져와 항상 활용편 카드 10장이 펼쳐져 있게 합니다. 만약 가지고 있는 카드로 문장을 만들 수 없다면 매칭 카드 더미에서 카드를 한 장 가져온 후, 'Pass!'를 외쳐요.

④ 손에 있는 카드를 다 버리는 사람이 나오면 게임이 종료되고, 가장 카드를 많이 모은 사람이 이깁니다.

변형 게임 방법 예시

Dialogue

영어로 아이와 함께 게임을 즐겨 보세요.

Look at the cards in your hand. Are there cards that match 'subject + verb'?
손에 있는 카드를 한 번 살펴봐. '주어+동사'를 매칭할 수 있는 카드가 있니?

Hmm. I think here. 'The boy' and 'make'. But I'm worried about the grammar.
음. 여기 있는 것 같아요. 'The boy'랑 'make'요. 그런데 저는 문법이 맞는지 걱정돼요.

Your sense is correct.
'The boy' isn't matched with 'make'. It's matched with 'makes', isn't it?
너의 느낌이 맞았구나.
'The boy'는 'make'와 매칭되지 않아. 그건 'makes'랑 맞지, 그렇지 않니?

Oh! Then I'll change it to 'The Boy' and 'watches'!
앗! 그럼 'The boy'와 'watches'로 바꿀래요!

You have another matching verb card. It's perfect. Great!
다른 매칭되는 동사 카드가 있구나. 그것 맞아. 잘했어.

Then I'll put down two cards like this. Pass! Your turn now.
그럼 저는 이렇게 2장을 내려놓을게요. 패스! 이제 엄마 차례에요.

Well, no cards match. I'll take another card. Pass!
음…. 엄마는 매칭되는 카드가 없으니 카드를 하나 가져갈게. 패스!

I don't have a matching card, either. Pass!
이번엔 저도 매칭되는 카드가 없네요. 패스!

I will use the joker card I just got. Here is 'My friend' with a joker card.
방금 얻은 특수 카드를 사용해야겠구나. 'My friend'와 특수 카드를 매칭시켜서 내려놓을게.

03. In A Pickle 이너피클

- ◆ 인원 : 2~6명
- ◆ 난이도 : ★★★☆☆
- ◆ 소요시간 : 20~35분
- ◆ 목표 : 이야기를 만들어 가장 먼저 카드 카테고리 얻기
- ◆ 구성품 : 명사 단어카드 250장
- ◆ 의사소통기능 : 동의하기, 이의 제기하기, 동의나 이의 여부 묻기, 부인하기, 상기시켜 주기, 생각할 시간 요청하기

※ 제조사는 '생각투자 주식회사'입니다.

In A Pickle

✓ Key Words

· pickle 오이절임   · clockwise 시계방향으로   · put down 내려놓다   · arrow 화살표
· logical 논리적인   · majority vote 다수결   · thumb 엄지   · lower 낮추다   · vote 투표하다
· opposite 반대

250개의 어마어마한 어휘 카드가 있는 '이너피클'은 영어 단어를 연결하는 게임입니다. 가지고 있는 단어 카드 중에서 가운데 있는 단어보다 작거나 큰 의미를 지닌 카드를 찾아야 합니다. 예를 들어 'Kindergarten'과 'New York'을 연결하여 '뉴욕에는 유치원이 있다.'와 같은 창의적인 이야기를 만들어야 합니다. 같은 단어일지라도 다양한 이야기를 만들 수 있으므로 아이들은 매번 색다른 시각에서 게임을 즐깁니다. 단어를 비교, 분석, 분류하고 상대방을 설득하면서 논리적 사고력과 사회성을 키울 수 있습니다.

🚀 게임 목표 : 이야기를 만들어 가장 먼저 카테고리 얻기

1. 게임 준비

명사 단어 카드 250장

① 카드를 꺼내 섞은 후, 각자 5장씩 나눠 가져요.

② 테이블 중앙에 카드 더미를 만들어 놓고, 4장의 카드를 오른쪽 그림처럼 사방으로 깔아요.

카드 더미 만들고 단어 카드 깔기

2. 게임 규칙

① 게임을 먼저 할 사람을 정하고 시계방향으로 게임을 진행해요.

📢 **Go clockwise.** (시계방향으로 게임을 하자.)

② 자기 차례가 되면 바닥에 깔린 4장의 단어 카드보다 큰 의미를 지닌 단어를 화살표 방향으로 내려놓아요. 반대로 작은 의미라면 위쪽으로 내려놓아요.

📢 **Put down the card that means a lot in the direction of the arrow.**
 (큰 의미를 지닌 카드는 화살표 방향으로 내려놓아라.)

📢 **Put the card with a small meaning up.**
 (작은 의미를 지닌 카드는 위쪽으로 내려놓으렴.)

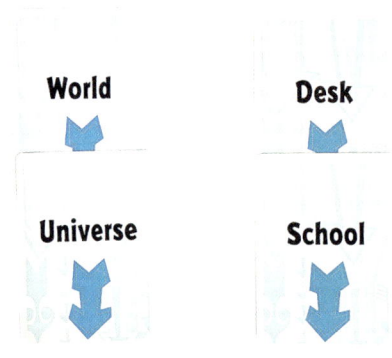

카드 내려놓기

단어카드를 내려놓으려면?

- 내려놓는 카드는 맞닿는 카드와 서로 의미가 이어져야 해요.

- 상상력을 발휘하여 단어들끼리 관련지어 이야기를 만들어 보세요.

- 카드를 내려놓을 때, 관사(a, an, the) 또는 수식어를 추가할 수 있으나 다른 명사는 추가할 수 없어요.

- 새로운 게임을 할 때마다 단어의 의미를 다르게 해석할 수 있어요.

예) Jam: 교통체증 / 잼

③ 내려놓는 단어의 의미가 논리적으로 맞지 않거나 말이 안 된다고 생각하면 다른 사람들이 도전할 수 있어요. 만약 다른 사람이 내 카드에 도전한다면, 카드에 대한 문장을 설명하여 방어할 수 있어요.

- 방어의 예: Purse(지갑)에 Turkey(칠면조)를 넣을 수 있어.
  왜냐면 얇게 썬 Turkey(칠면조)이기 때문이야.

📢 Do you agree with this card? (이 카드에 동의하니?)
📢 Do you think it is logical? (논리적이라고 생각하니?)

④ 짧은 토론 후 단어의 의미가 통했는지에 대해 투표해요. 동의하면 엄지를 위로

들고 동의하지 않으면 아래로 내려요.

📢 **Let's vote on this card.** (이 카드에 대해서 투표하자.)

📢 **Thumbs up if you agree.** (동의하면 엄지를 올려.)

⑤ 다수결 원칙에 따라 아래와 같이 게임을 진행해요.
- 의미가 통한다는 표가 많거나 같을 때: 카드를 제자리에 두고 게임 계속 진행
- 의미가 통하지 않는다는 표가 많을 때: 차례를 잃게 되며 자기가 놓은 카드를 제거하여 카드 더미 밑으로 버리고 새로운 카드를 뽑은 후 순서가 넘어감

📢 **Let's decide by majority vote.** (다수결로 정하자.)

📢 **Put your card at the bottom of the deck.** (카드 더미 맨 아래에 네 카드를 놓으렴.)

📢 **Get a new card.** (새 카드를 한 장 가져가.)

⑥ 자기 차례에 내려놓을 카드가 없다면 3장을 교환할 수 있어요. 버릴 카드 3장을 카드 더미 제일 아래에 넣고 위에서 새 카드 3장을 가져와요.

📢 **You can exchange three cards.** (너는 카드를 3장 교환할 수 있단다.)

⑦ 자기 차례가 끝나면, 항상 더미에서 카드를 보충해 5장을 유지해요.

📢 **Always have five cards in your hand.** (네 손에 항상 카드가 5장 있어야 해.)

⑧ 게임을 하다 누군가가 카드 카테고리에 4번째 카드를 놓으면 피클 라운드가 시작되고 모든 사람은 그 카테고리의 카드를 얻기 위해 경쟁해요.

📢 **From the 4th card, it's a pickle round.** (네 번째 카드부터는 피클라운드야.)

📢 **Your card has the biggest meaning.** (네 카드의 의미가 가장 크구나.)

피클 라운드 진행 방법

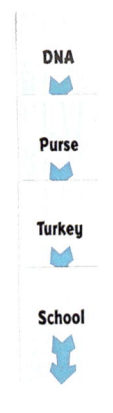

피클 라운드 시작

· **피클 라운드 시작**

- 카드 카테고리에 4번째 카드를 놓았을 때

· **피클 라운드 진행**

- 피클 라운드를 시작한 사람의 왼쪽부터 시작하며, 각자 4번째 카드보다 더 넓은 의미의 카드를 1장 낼 기회가 주어짐
- 카드를 낼 수 없거나 내기 싫다면 'Pass(패스)'라고 말하고 시계방향으로 게임 진행

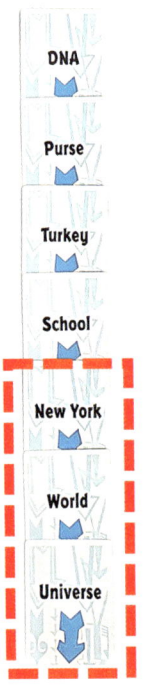

피클 라운드 종료

· **피클 라운드 규칙**

- 해당 카테고리에만 카드를 놓아야 하며 다른 카테고리에는 놓을 수 없음
- 반드시 더 넓은 의미의 카드만 내야 함
- 피클 라운드가 끝날 때까지 카드를 보충하지 못함

· **피클 라운드 종료**

- 피클 라운드를 시작한 사람의 차례가 끝나면 피클 라운드는 종료되며 가장 넓은 의미를 가진 카드를 낸 사람이 이김.
- 이긴 사람은 그 카드 카테고리를 가져가고 카드 더미에서 새로운 카드를 1장 뽑아 앞면이 보이도록 놓음(언제나 4개의 카테고리가 있어야 함.)

⑨ 아래의 카드 카테고리 개수를 가장 먼저 얻는 사람이 이겨요.
- 2명: 카테고리 5개, 3~4명: 카테고리 4개, 5~6명: 카테고리 3개

* 꿀팁!

① 피클 라운드 없이 4번째 카드를 놓을 때 카드 카테고리를 가져가는 것으로 게임 난이도를 낮출 수 있습니다.

② 기존 규칙대로 하되 카테고리에 있는 모든 카드와 연관이 되어야 카드를 내려놓는 방식으로 변형게임을 진행할 수 있어요.

예) 뉴욕에 있는 어느 유치원의 냉장고 안에 먹다 남은 음식이 있습니다.

변형게임 예시

Dialogue

영어로 아이와 함께 게임을 즐겨 보세요.

Do you agree with this card?
이 카드에 동의하시나요?

May I think about that for a moment?
It is not logically correct.
나에게 생각할 시간을 줄래?
이건 논리적으로 맞지 않아.

I'll explain it again, so listen carefully.
다시 설명할 테니 잘 들어보세요.

Let's decide by majority vote.
다수결로 정하자.

Don't forget the argument I explained earlier.
If you agree with me, put your thumb up or down.
제가 아까 주장한 말을 잊지 말아 주세요.
제 의견에 동의한다면 엄지를 위로 들고 아니면 아래로 내리세요.

Yes, I agree with you. / No, I disagree with you.
동의해. / 동의하지 않아.

04. Picwits! 픽위츠!

Picwits!

- ◆ 인원 : 3~8명
- ◆ 난이도 : ★★★★☆
- ◆ 소요시간 : 20분
- ◆ 목표 :
  설득해서 미션과 연관된 그림 카드 모으기
- ◆ 구성품 :
  사진카드 504장, 지문카드 144장
- ◆ 의사소통기능 : 궁금증 표현하기,
  가능성 정도 묻기, 가능성 정도 표현하기

※ 유통사는 '공간27'입니다.

✓ Key Words

· the round 라운드   · the Judge (판단하는) 술래   · picture 사진   · captions 지문들

'Pictwits'는 유연하게 생각하고 재치있게 영어로 말하는 능력을 키워주는 아주 흥미로운 게임입니다. 유머와 위트는 사회적 의사소통에서 중요한 능력이고, 이는 관계를 풍요롭게 하며 행복한 사회생활을 해나가는 데 꼭 필요한 사회적 기술입니다. 픽위츠는 플레이어와의 관계도 참 중요한데 문제를 낼 때 상대가 어떻게 사고할지를 예상하고 그것에 반하는 카드를 내어 반전의 반전이 이어지는 게임입니다. 신선한 시선이 있는 사진 덕에 상상력을 발휘하여 말을 만들어내며 영작 능력이 향상됩니다.

> 🚀 **게임 목표 : 설득해서 미션과 연관된 그림 카드 모으기**

1. 게임 준비

① 지문카드를 잘 섞어서 중앙에 내용이 안 보이게 카드 더미를 놓아요.

지문카드 더미

② 사진카드도 섞어서 5~8장(게임 인원이나 나이에 따라 결정) 나눠 갖고, 나머지는 따로 두어요.

개인별 사진카드

2. 게임 규칙

① 라운드 단위로 게임을 하고, 각 라운드의 술래를 정해요. 보통은 가장 어린 사람부터 시작해요.

- 📣 Each round has a tag. (각 라운드에 술래가 있어요.)
- 📣 It starts with the youngest player. (그것은 가장 어린 사람부터 시작해요.)

② 술래는 지문카드 더미의 맨 위 장을 플레이어들에게 읽어 준 뒤, 모두가 볼 수 있도록 카드를 탁자 위에 올려둡니다.

- 📣 Shuffle the deck of white Caption Cards. (하얀 지문 카드 더미를 섞으렴.)
- 📣 Take five to eight red picture cards each. (5~9장씩 빨간 그림 카드를 가져가.)

③ 모든 사람은 자기 카드 중 지문카드와 가장 연결이 잘되는 한 장을 골라 술래 앞에 뒤집어서 놓아요.

- 📣 Submit the card most related to this caption card.
   (이 지문카드와 관련이 있는 카드를 내야 해.)

지문카드에 어울리는 사진카드 내기

Tip : 술래의 성향을 파악해서 술래가 선택할만한 그림을 고르는 것도 중요해요!

④ 게임이 지루하게 늘어지는 것을 막기 위해 제한 시간을 둬요. 10을 세거나 타이머로 정해도 됩니다. 선택이 늦으면 해당 라운드에서 참여를 못 해요.

📢 Hand in your cards until we count to ten. (10셀 때까지 카드를 내야 해.)

📢 Let's count 10. (10을 세자.)

⑤ 모두 사진을 고른 뒤에 술래는 누가 어떤 카드를 제출했는지 모르도록 앞면을 보지 않고 섞어요. 그리고 모두가 볼 수 있게 카드를 펼쳐요. 술래는 카드를 한 장씩 평가해주면서 가장 연결이 잘 되는 카드를 선택해야 해요.

📢 Shuffle the submitted cards. (제출한 카드들을 섞어놔.)

📢 Flip over the cards so that everyone can see them.
   (모든 사람이 볼 수 있게 카드들을 뒤집어.)

📢 Choose the most relevant picture. (가장 관계있는 그림을 고르렴.)

그림 카드 고르기

⑥ 플레이어들은 술래가 특정 카드를 선택하게끔 설득하거나 의견을 낼 수 있어요. 이때 자신이 제시한 카드가 아니어도 의견을 제시할 수 있습니다. 술래는 모든 의견과 자신의 판단을 종합하여 가장 잘 어울리는 카드 한 장을 선택해요. 그 카드를 낸 사

람이 해당 지문카드를 가져갑니다.

📢 Tell me the reason for matching these two cards.

　(2개의 카드가 매칭되는 이유를 나에게 말해봐.)

📢 The chosen one gets the caption card.

　(선택받은 사람이 캡션 카드를 가져가.)

⑦ 술래는 라운드마다 사용했던 사진카드를 모아서 빈 상자에 따로 넣어 둡니다.

⑧ 술래의 왼쪽 사람이 다음 라운드의 술래가 되고, 술래를 제외한 다른 사람들이 사진카드를 받아요.

⑨ 아래의 표만큼 지문카드를 모은 사람이 나올 때까지 게임을 진행합니다.

참여 인원	승리를 위해 필요한 지문카드
3~4명	7장
5~6명	6장
7~8명	5장
9명 이상	4장

* 꿀팁!

① 아이가 영어 지문을 정확하게 읽지 못하면 옆에서 지문의 의미를 설명해주세요.
② 어린아이가 이해하기 힘든 지문카드나 사진카드를 따로 골라내면 게임을 매끄럽게 진행할 수 있어요.
③ 숙련된 사용자라면 사진 더미를 보고 지문카드를 선택하는 방식으로 게임을 즐길 수도 있어요.

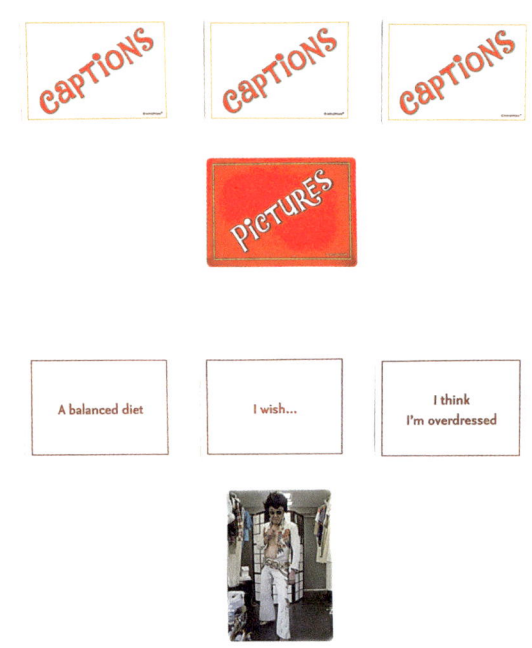

사진카드를 보고 지문카드를 고르기

④ 아이의 나이에 따라 나눠 갖는 카드의 개수나 승리 카드 개수를 조정해도 좋아요.

⑤ 자주 쓰는 표현을 공책에 옮겨 적어 익혀보면 말하기, 듣기, 읽기, 쓰기 모든 영역에서 훌륭한 활동이 돼요.

Dialogue

영어로 아이와 함께 게임을 즐겨 보세요.

Now, would you like to read this Caption card aloud?
이제 지문카드를 크게 읽어 볼래?

I think I'm overdressed!
내 생각에는 옷을 과하게 입은 것 같아요.

Mom, what does being 'overdressed' mean?
엄마 '오버드레스드'라는 표현이 무슨 의미일까요?

Yeah, that's if you're dressed too nicely for the place and mood.
응, 그것은 장소와 분위기에 맞지 않게 옷을 멋지게 입은 경우야.

So is it only about your clothes?
옷에만 해당되나요?

Perhaps there should be a connection.
아마도 연관성이 있으면 될 거야.

I picked this Picture card.
저는 이 그림카드를 골랐어요.

Can you tell me why?
그 이유를 한번 말해 보겠니?

05. Guess Who 게스 후

Guess Who

- ◆ 인원 : 2명 전용
- ◆ 난이도 : ★★★☆☆
- ◆ 소요시간 : 20분
- ◆ 목표 : 인물의 특징 묘사하기
- ◆ 구성품 : 게임판 2개, 인물 카드 48장, 미스터리 카드 24장, 점수판 2개
- ◆ 의사소통기능 : 질문하기, 동의하기, 부인하기, 기억이나 망각 표현하기

✓ Key Words

· guess 추측하다 · who 누구 · slot 홈 · character 인물 · beard 턱수염
· male 남자 · female 여자

'게스 후'는 인물의 특징에 대해 질문을 하면서 상대방이 뽑은 미스터리 카드 속의 인물이 누구인지 맞히는 게임입니다. 스무고개처럼 질문을 어떻게 하느냐에 따라 쉽게 또는 어렵게 맞힐 수 있습니다. 게임을 시작하기 전에 캐릭터의 특징을 자세히 살펴보며 관찰력이 키워지고, 상대의 대답에 따라 추리해가며 논리력이 향상됩니다. 특히 인물에 대한 묘사 표현 능력이 신장됩니다.

🚀 게임 목표 : 상대의 미스터리 카드의 정답을 먼저 맞히기

1. 게임 준비

① 종이 시트에 있는 인물 카드를 떼어 내어 같은 색상의 게임판에 끼워 넣어요. 트랙 가운데에 있는 막대기 앞쪽으로 넣어야 해요.

인물 카드를 끼워 넣는 장면

② 미스터리 카드를 섞어서 세팅합니다.

2. 게임 규칙

① 서로 마주 보고 게임판을 뒤집어서 모든 게임판을 열어 주세요.

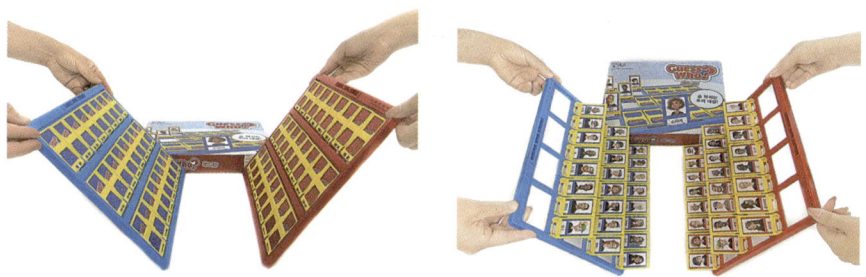

마주 보고 게임판을 털어서 오픈

PART 02   131

📣 **Face each other.** (서로 마주 봐.)

📣 **Flip the board over and open it.** (게임판을 엎어서 오픈하렴.)

② 각자 뽑은 미스터리 카드를 카드 홈에 꽂아 주세요. 이때 상대가 보지 않도록 주의하세요.

미스터리 카드를 카드 홈에 끼우기

📣 **Insert the mystery card into the card slot.** (미스터리 카드를 카드 슬롯에 끼워라.)

③ 질문을 하면서 상대의 인물이 아닌 것은 게임판을 접어 주세요.

질문을 하고 해당하는 카드 접기

📣 **Listen to the other player's answer.** (상대의 대답을 들으렴.)

📣 **Fold down the ones that don't match.** (매치가 안되는 것을 접어.)

④ 범위를 좁혀 가며, 남은 인물 중에 정답을 말합니다. 정답을 빨리 맞힌 사람이 이깁니다. 이긴 사람은 점수판에 노란 점수바를 꽂아 주세요. 먼저 5개 홀을 채운 친구가 우승합니다. 단, 답이 틀리면 상대방이 이기게 되니 신중해야 합니다.

점수판에 점수바 꽂기

📣 If you answer correctly, you win.
(네가 정답을 맞히면 이긴단다.)

📣 If you get it wrong, your opponent wins.
(만약 네가 틀리면 상대가 이겨.)

★ 꿀팁!

① '예/아니오'로 답할 수 있는 질문만 해요. 스무고개 놀이처럼 구체적인 정보를 줄 수 있는 내용이면 게임이 빨리 종료됩니다.
② 성별 질문은 세 번째 차례에서부터 가능합니다.

영어로 아이와 함께 게임을 즐겨 보세요.

Pick one of the mystery cards and insert it into the card slot.
미스터리 카드에서 1개를 골라서 카드 슬롯에 한 개를 끼워.

I'll be very cautious not to get caught. I think my brother saw it last time.
저는 들키지 않게 매우 조심할 거예요. 지난번에 오빠가 본 것 같아요.

Now, ask a question. Because you are the youngest.
자, 질문해 보렴. 네가 가장 어리니까.

Is the character wearing a beanie? I'll never forget it.
캐릭터가 비니를 쓰고 있나요? 나는 절대로 잊지 않을 거예요.

No, now it's my turn. Does the character have a beard?
아니, 이제 내 차례야. 캐릭터가 수염이 있니?

Yes, Is the character's hair color black?
네, 캐릭터의 머리카락 색깔이 검정인가요?

No. Does your character have a smiling face?
아니, 너의 캐릭터는 웃는 표정이니?

Yes, Is the character male?
캐릭터가 남자인가요?

Yes. It seems to be a crucial hint.
응, 이것은 결정적인 힌트인 거 같구나.

Oh, only two men left without a beard and a beanie.
But I don't want to be wrong, so I'll be careful.
오, 수염이 없고 비니를 안 쓴 남자가 2명 남았어요.
하지만 틀리고 싶지 않으니까 신중해야겠어요.

06. Feelings 내 마음이 보이니?

Feelings

- ◆ 인원 : 3~8명
- ◆ 난이도 : ★★★★☆
- ◆ 소요시간 : 30분
- ◆ 목표 : 상황에 따른 파트너의 감정 맞히기
- ◆ 구성품 : 상황 카드 120장, 감정 카드 24장, 감정 트랙 1개, 게임 말 8개, 투표카드 72장, 파트너 카드 9장
- ◆ 의사소통기능 : 기쁨, 슬픔 표현하기, 불만족, 실망의 원인에 대해 묻기, 유감이나 동정 표현하기, 희망과 기대 표현하기, 선호 표현하기

※ 제조사는 '생각투자 주식회사'입니다.

✓ Key Words

· emotion 감정　· amusement 즐거움　· confidence 자신감　· disgust 혐오
· irritation 짜증　· contempt 멸시

'Feelings'는 특히 자기 이해와 타인에 대한 공감, 그리고 소통 능력을 키워주는 게임입니다. 아이는 상황 카드를 보고 비슷한 경험을 떠올려 감정을 되짚어보며 자신을 스스로 이해할 수 있습니다. 그뿐만 아니라 같은 상황에서 다른 감정 카드를 선택한 타인과 대화를 나누며 공감 능력과 배려심을 기르게 됩니다. 가족과 함께 게임을 즐기면서 미처 알지 못했던 서로의 마음을 이해하고 가족애가 더욱 두터워지는 뜻깊은 시간을 가질 수 있을 거예요.

🔖 게임 목표 : 상황에 따른 파트너의 감정 맞히기

1. 게임 준비

① 감정 트랙을 테이블 가운데에 놓아요.

📣 **Put the emotion track in the middle.** (감정 트랙을 가운데에 놓으렴.)

② 각자 마음에 드는 색의 게임 말을 골라 감정 트랙의 가운데 사각형에 놓아요.

📣 **What color do you like?** (너는 어떤 색깔을 좋아하니?)

📣 **Pick a game piece of your favorite color.**
   (마음에 드는 색깔의 게임 말을 골라.)

📣 **Place it in the middle square of the emotion track.**
   (그것을 감정 트랙의 가운데 사각형에 놓으렴.)

③ 게임 말과 같은 색의 숫자 투표카드 9장을 가져가요.

말과 숫자 투표카드

📣 **Take nine voting cards of the same color as the game piece.**
   (게임 말과 같은 색의 투표카드 9장을 가져가렴.)

④ 게임에 사용할 상황 카드는 3종류가 있어요. 연두색은 가족, 주황색은 사회, 하

늘색은 학교와 관련된 상황입니다. 3종류의 상황 카드 중 게임 상황과 어울리는 종류의 상황 카드를 골라 잘 섞어서 한쪽에 엎어두세요.

📢 **Let's play a game with this situation card today.** (오늘은 이 상황카드로 게임을 하자.)

📢 **I'll mix it up and stack it up.** (내가 섞어서 쌓아 놓을게.)

⑤ 감정 카드는 뒷면에 있는 기호 ○, ×, ≡ 에 따라 3개의 더미로 분류해 엎어두세요. ○는 긍정적인 감정, ×는 부정적인 감정, ≡는 중립적인 감정입니다.

감정 카드 뒷면

⑥ 감정 트랙 테두리를 따라 감정 트랙의 기호와 일치하는 기호의 감정 카드 8장을 골라 앞면이 보이게 펼쳐놓아 주세요.

감정 트랙 주변 감정 카드

2. 게임 규칙

① 가위바위보로 게임 순서를 정해요.

📢 Play rock paper scissors to decide the order of the game.

(가위바위보로 게임 순서를 정하자.)

② 이긴 사람부터 시계방향으로 돌아가며 이야기꾼이 돼요.

📢 The winner becomes the storyteller.

(이긴 사람이 이야기꾼이 되는 거야.)

③ 플레이어들은 감정 트랙 주위에 펼쳐진 감정 카드의 감정들을 소리 내 읽어요.

📢 You should read aloud the emotional cards.

(너는 감정 카드를 소리 내 읽어야 해.)

④ 이야기꾼은 상황 카드 더미에서 제일 위에 있는 카드 한 장을 가져와 카드에 나와 있는 세 가지 상황 중 하나를 선택하고 크게 읽어주세요.

📢 Take the top card from the pile.

(제일 위에 있는 카드 한 장을 가져와.)

📢 Choose a situation and read it out loud.

(상황 하나를 선택하고 크게 읽어주렴.)

⑤ 이야기꾼을 포함한 모든 사람은 주어진 상황에서 자신이 어떤 감정을 느끼는지 생각해봐요. 감정 트랙 주변의 감정 카드 중 자신의 감정과 가장 근접한 카드를 선택한 후 그 카드가 있는 감정 트랙의 숫자와 같은 숫자의 투표카드를 골라 숫자가 보이지 않게 뒷면으로 자기 앞에 카드를 냅니다.

감정 트랙 숫자, 투표카드 숫자

- Thinks about how you feel in this situation.
  (이 상황에서 어떤 감정을 느낄지 생각해보렴.)
- Select the card around the emotion track. (감정 트랙 주변에서 카드를 골라보렴.)
- Choose a voting card with the same number. (같은 숫자의 투표카드를 선택해봐.)
- Put the card in front of you face down. (그 카드를 뒷면으로 네 앞에 두렴.)

⑥ 플레이어가 3명보다 많을 때는 이야기꾼이 파트너 카드를 섞어 플레이어들에게 뒷면으로 한 장씩 나누어 주세요. 같은 파트너 카드를 가진 사람과 서로 파트너가 되어 서로의 감정을 맞히면 됩니다. 플레이어가 2~3명일 경우에는 따로 파트너 없이 서로의 감정을 맞히면 돼요.

- Hand out one partner card on the back. (파트너 카드를 뒷면으로 1장씩 나눠주렴.)
- People with the same card will be a pair.
  (같은 카드를 가진 사람끼리 짝이 되는 거야.)
- We don't have to set up a partner. (우리는 파트너를 설정하지 않아도 돼.)
- Guess each other's feelings. (서로의 감정을 추측해보렴.)

⑦ 플레이어들은 주어진 상황에서 내 파트너 또는 다른 플레이어들이 어떤 감정을 느꼈을지 생각해봅니다. 그리고 해당 감정 카드가 있는 감정 트랙의 숫자와 같은 숫자의 투표카드를 골라 뒷면으로 파트너의 앞에 카드를 냅니다. 파트너가 나와 같은 감정을 느꼈다고 생각하면 숫자 투표카드 대신 e9 카드를 내세요. 이때 절대 서로 힌트를 주어서는 안 돼요.

📢 **Think about feelings in a given situation.** (주어진 상황에서의 감정을 생각해봐.)

📢 **Pick the same number of voting cards.** (같은 숫자의 투표카드를 고르렴.)

📢 **Place the card face down in front of your partner.**
(그 카드를 네 파트너 앞에 뒤집어 놔.)

📢 **Do you think your partner feels the same way as you?**
(네 파트너가 너랑 같은 감정일까?)

📢 **Use an 'e9 card' instead of a number voting card.**
(숫자 투표카드 대신 'e9 카드'를 내렴.)

📢 **Do not give hints to your partner.** (상대방한테 힌트를 주지마.)

투표카드

⑧ 이제 이야기꾼부터 돌아가며 자기가 냈던 투표카드를 공개해요. 그리고 왜 그 카드를 선택했는지 설명합니다. 그 후 파트너에게 받은 투표카드를 공개합니다. 그 카드를 준 사람은 그 투표카드를 낸 이유에 대해 설명해요.

투표카드 공개

- **Reveal the voting card.** (투표 카드를 공개하렴.)
- **Explain why you chose the card.** (왜 그 카드를 선택했는지 설명해봐.)

⑨ 자신이 플레이어의 감정을 맞히면 1점, 플레이어가 자신의 감정을 맞히면 1점, 서로의 감정을 맞히면 3점을 얻습니다.

- **If you guess the player's feelings, you get one point.**
  (플레이어의 감정을 맞히면 1점을 얻는단다.)
- **If you guess each other's feelings, you get three points.**
  (서로의 감정을 맞히면 3점을 얻을 수 있어.)

⑩ 얻은 점수만큼 감정 트랙에서 자신의 말을 이동시켜요.

- **Move the game piece as much as you get.** (얻은 점수만큼 말을 이동시키렴.)

⑪ 새로운 라운드에서는 감정 트랙을 둘러싼 감정 카드를 교체해요.
📢 Replace the emotion cards surrounding the emotion track.
(감정 트랙을 둘러싼 감정 카드를 교체해야 해.)

⑫ 모두가 한 번씩 이야기꾼을 하거나 두 바퀴를 돌면 게임을 종료해요. 게임 트랙에서 가장 많이 전진한 사람이 이깁니다.
📢 The game went around twice, right? (게임이 두 바퀴 돌았지?)
📢 Who's at the front? (누가 가장 앞에 있니?)

* 꿀팁!

게임을 시작하기 전에 모든 감정 카드를 익혀보세요. 아이가 영어로 상황을 묘사하는 것은 실로 어려워요. 이럴 땐 한국어와 섞어서 대화한다면 대화의 내용이 풍부해지고 감정에 대한 정확한 뜻을 기억할 거예요.

> amusement 즐거움, pride 자부심, confidence 자신감, recognition 인정, interest 흥미로움, wonder 경이로움, satisfaction 만족, excitement 신남/설렘, joy 기쁨, surprise 놀람, compassion 동정, embarrassment 당황, disappointment 실망, mistrust 불신, resignation 체념, anger 분노, disgust 혐오, sadness 슬픔, shame 수치스러움, fear 공포, anxiety 걱정, irritation 짜증, contempt 멸시, shock 충격

Dialogue

영어로 아이와 함께 게임을 즐겨 보세요.

Now, starting with the storyteller, reveal the voting card.
And explain why you chose the card.
이제 이야기꾼부터 돌아가며 자신이 냈던 투표카드를 공개하자.
그리고 왜 그 카드를 선택했는지 설명해봐.

I chose the 5th 'Anxiety' card. I think I would be worried about if I can take good care of my younger brother when my parents ask me.
저는 5번 'Anxiety' 카드를 골랐어요. 부모님이 동생을 돌봐 달라고 부탁하시면 저는 동생을 잘 돌볼 수 있을지 걱정이 될 것 같아요.

That's why you feel worried.
Shall we reveal the card that you got from your partner?
그럴 때 걱정되는 마음이 드는구나.
그럼 파트너에게 받은 카드도 공개해볼까?

I hope my partner's card will be a match.
Oh, my partner also gave me card number five! Why did you give me this card?
나의 파트너의 카드가 매칭되면 좋겠어요.
오, 파트너도 저에게 5번 카드를 주었어요! 왜 나에게 이 카드를 주었니?

Because your brother is so young, I guessed that you would be worried about taking care of him.
동생이 어리니까 부모님께 부탁을 받으면 네가 걱정을 하지 않을까 추측했어.

Wow, you know how I feel. I got three points!
와, 내 마음을 잘 아네. 3점 얻었어요!

07. Pepper's Talking Board 페퍼의 토킹 보드

Pepper's Talking Board

- ◆ 인원 : 2~4명
- ◆ 난이도 : ★★★★☆
- ◆ 소요시간 : 40분
- ◆ 목표 :
  미션을 해결하고 미션카드 10장을 먼저 획득하기
- ◆ 구성품 : 게임 보드(양면 사용) 1개, 미션카드 192장(8종류 각 24장), 땡스카드 24장, 주사위 1개, 말 4개, 모래시계 1개
- ◆ 의사소통능력 : 낙담 위로하기, 주제 바꾸기, 궁금증 표현하기, 철자 알려주기

※ 제조사는 '생각투자 주식회사'입니다.

'Pepper's Talking Board'는 어휘력, 문법, 말하기, 영작 능력을 종합적으로 활용하여 신장시킬 수 있는 게임입니다. 가장 기본적인 말판놀이 방식이지만, 보드게임 판에 미션이 정해져 있는 것이 아니라 뽑는 카드에 따라 굉장히 다양한 미션을 수행해야 해서 게임을 여러 번 반복해도 쉽게 질리지 않습니다. 게임 중 낱말을 설명하거나 추측하는 미션 과정에서 특히 유연하게 사고하는 능력을 향상시킬 수 있습니다. 아이는 미션 성공을 위해 다른 플레이어와 함께 문제를 맞혀야 하며 점수를 얻는 과정에서 협동과 배려도 체득하게 됩니다.

> 🚀 **게임 목표 : 미션을 해결하고 카드 미션카드 10장을 먼저 획득하기**

1. 게임 준비
게임 보드, 말

① 게임 보드는 서로 다른 난이도의 양면으로 이루어져 있어요. 칸이 많은 면을 펼쳐주세요. (칸이 적은 초급자용 면 설명은 '꿀팁' 참고)
　📣 Unfold the game board. (게임 보드를 펼치렴.)

② 플레이어들은 원하는 말을 골라 START 칸에 놓아요.

③ 미션카드는 종류별로 분류해서 보드게임 보관함에서 세워놓아요.

2. 게임 규칙
① 가위바위보로 게임 순서를 정해요.
　📣 Play rock paper scissors to decide the order.
　　(가위, 바위, 보로 먼저 시작할 사람을 정하자.)

② 이긴 사람부터 순서대로 돌아가며 주사위를 굴리고 주사위에 나온 숫자만큼 말을 이동시켜요.
　📣 The winner rolls the dice first. (이긴 사람부터 주사위를 굴려.)
　📣 Move the game piece as much as the number on the dice.
　　(주사위에 나온 숫자만큼 말을 이동시키렴.)

③ 이동한 말이 도착한 칸의 그림과 같은 그림의 미션카드를 한 장 뽑으세요. 미션

카드별로 진행방식이 달라집니다.

📢 **Pick a mission card matching the space.** (그 칸에 맞는 미션카드를 뽑으렴.)

📢 **Follow the instructions on the mission card.** (미션카드의 설명을 따라 하렴.)

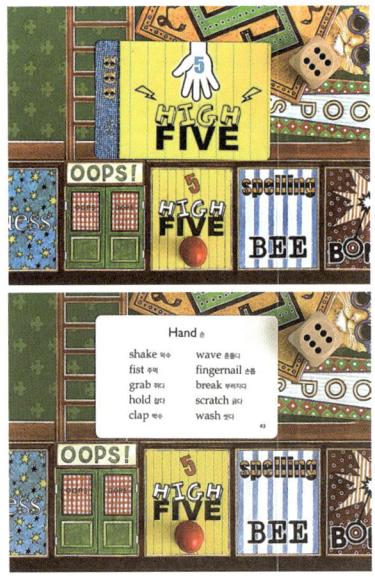

도착한 칸의 그림과 같은 그림의 미션카드 뽑기

• **High-Five** : Connect the words! (hide card / 제한 시간 1분 / 연관단어 5개 맞추기)

카드를 뽑은 사람은 카드를 보지 않고 다른 플레이어들에게 보여줘요. 다른 플레이어가 카드에 제시된 주제 단어를 불러주고, 카드를 뽑은 사람이 카드에 적혀 있는 연관단어 총 5개를 제한 시간 1분 안에 맞히면 성공입니다.

High-Five카드

- **Spelling Bee** : Every letter counts! (hide card / 단어 철자 맞히기)

　카드를 뽑은 사람은 카드를 보지 않고 다른 플레이어들에게 보여줘요. 다른 플레이어가 카드에 적혀 있는 단어 중 하나를 읽어주면, 카드를 뽑은 사람이 단어의 철자를 정확하게 맞히면 성공입니다.

Spelling Bee 카드

- **Mix & Fix** : Mix the words, and fix the sentence! (hide card / 제한 시간 1분 / 메모지 필요 / 단어 배열하여 문장 만들기)

　카드를 뽑은 사람은 카드를 보지 않고 다른 플레이어들에게 보여줘요. 다른 플레이어가 카드에 제시된 문장을 단어별로 뒤섞어 준비된 메모지에 적어줍니다. 제한 시간 1분 안에 단어의 순서를 다시 배열하여 원래대로 문장을 만들면 성공입니다.

Mix & Fix 카드

- **Yes or No** : Ask questions! (hide card / 제한 시간 1분 / 스무고개 방식으로 단어 맞히기)

카드를 뽑은 사람은 카드를 보지 않고 다른 플레이어들에게 보여줘요. 카드를 뽑은 사람이 다른 플레이어들에게 카드에 적혀 있는 단어에 대해서 질문을 하고, 다른 플레이어들은 Yes나 No로만 대답합니다. 제한 시간 1분 안에 단어를 맞히면 성공입니다.

Yes or No 카드

- **Bomb** : How many words do you know? (open card / 제한 시간 1분 / 같은 알파벳으로 시작하거나 끝나는 단어 10개 말하기)

이 카드를 뽑은 사람은 카드에 제시된 알파벳으로 시작하거나 끝나는 단어 10개를 제한 시간 1분 안에 말해야 해요.

Bomb 카드

- **Guess?** : Explain the words! (my card / 제한 시간 1분 / 제시된 단어를 영어로 설명하여 맞추게 하는 스피드 퀴즈 방식 게임 / 맞추는 플레이어에게 Thanks 카드 선물)

이 카드를 뽑은 사람은 다른 플레이어들에게 카드를 보여주지 않고 카드에 적힌 단어 중 하나를 선택해 영어로 설명해요. 제한 시간 1분 안에 다른 플레이어가 정답을 맞히면 성공입니다. 정답을 맞힌 플레이어는 Thanks 카드를 선물로 받아요.

guess 카드와 thanks 카드

- **Action** : Use your body! (my card / 제한 시간 1분 / 제시된 단어를 영어로 설명하여 맞추게 하는 스피드 퀴즈 방식 게임 / 맞추는 플레이어에게 Thanks 카드 선물)

이 카드를 뽑은 사람은 다른 플레이어들에게 카드를 보여주지 않고 카드에 적힌 단어 중 하나를 선택해 동작만으로 설명해요. 제한 시간 1분 안에 다른 플레이어가 정답을 맞히면 성공입니다. 정답을 맞힌 플레이어는 Thanks 카드를 선물로 받아요.

Action 카드

- **Oops!** : Take a chance! (open card / 제한 시간 1분 / 실패 시 다음 순서에 한 번 더 / 주어진 문장 암기 / 혹은 찬스 미션 수행)

어떤 미션이 나올지 모르는 찬스 카드에요. 'Memorize!'가 나오면 카드에 적힌 문장들을 다음 차례가 올 때까지 외워야 하고, 'Chance:Bonus card'가 나오면 자신 있는 미션카드 한 장을 고를 수 있어요. 'Memorize!'에 걸린 경우, 주어진 문장들을 자신의 다음 순서가 올 때까지 외우지 못하면 카드를 가져가지 못하고 또 다음 차례까지 문장을 외워야 합니다. 두 번 연속 성공하지 못하면 미션은 실패입니다.

Oops! 카드

④ 카드에 따라 미션을 수행하고 성공하면 카드를 가져가요. ③번의 순서를 반복하며 미션카드와 땡스카드를 모아요. 카드 10장을 먼저 모으는 플레이어가 우승합니다.

📢 **You can take the card if you complete the mission.**

(미션을 수행하면 카드를 가져갈 수 있어.)

📢 **Collect the mission cards and thanks cards.**

(미션카드와 땡스카드를 모으렴.)

📢 **The player who collects ten cards first wins.**

(카드 10장을 먼저 모은 사람이 이긴단다.)

* 꿀팁!

초급자용 판에서는 비어있는 8개의 칸에 원하는 미션카드 더미 8종류를 미리 놓아 두고 게임을 진행해요. 이때 미션카드 중 별이 한 개만 있는 난이도가 낮은 카드만 사용하는 것이 좋습니다. 자신 있는 종류의 미션카드들만 사용해도 좋아요. 나머지 규칙은 같습니다.

초급자용 판

Dialogue

영어로 아이와 함께 게임을 즐겨 보세요.

Roll the dice.
주사위를 굴려보렴.

I got 4! In the fourth box, it says 'Spelling Bee'.
4가 나왔어요! 'Spelling Bee'라고 쓰여 있어요.

Then pick one of the 'Spelling Bee' mission cards. Don't look and give it to mom.
그럼 'Spelling Bee' 미션카드 중 하나를 뽑아서 보지 말고 엄마에게 주렴.

I picked one! Mom, please read it for me.
뽑았어요! 엄마가 보고 읽어주세요!

Oh! Something difficult came out! 'Tuesday'.
오. 좀 어려운 게 나왔네! 'Tuesday'.

T, u... It's d, a, and y at the end. The middle is confusing.
T, u... 뒤에는 d, a, y 에요. 중간이 헷갈리네요.

Don't rush. Think carefully about the pronunciation of 'Tuesday'.
서두르지 말아라. 'Tuesday' 발음을 잘 생각해보렴.

There's going to be an 's' in the middle. T, u, s, d, a, y! Is that right?
중간에 s 도 들어가겠네요. T, u, s, d, a, y ! 맞아요?

That's too bad. You dropped the 'e' in the middle. The answer is T, u, e, s, d, a, y!
너무 아쉽네. 중간에 e가 빠졌어. 정답은 T, u, e, s, d, a, y !

By the way, it's your turn. I'm curious about the next card.
어쨌든 이제 엄마 차례에요. 나는 다음 카드가 궁금해요.

08. Clue 사건의 단서

CLUE

- ◆ 인원 : 2~6명
- ◆ 난이도 : ★★★★★
- ◆ 소요시간 : 40분
- ◆ 목표 : 단서를 통해 범인, 도구, 장소를 빨리 맞히기
- ◆ 구성품 : 메인보드 1장, 사건 봉투 1장, 추리 노트, 사람말 6개, 검은색 추리 카드 21장, 빨간색 보너스 카드 13장, 도구 5개
- ◆ 의사소통기능 : 도덕적 의무 표현하기, 의도 표현하기, 승인하기, 거부하기, 비난 거부하기, 도움 제안하기

※ 제조사는 '해즈브로 코리아'입니다.

✓ Key Words

· clue 단서 · rope 밧줄 · knife 단검 · gun 권총 · wrench 렌치 · candlestick 촛대
· pipe 파이프 · actress 여배우 · martial artist 무술인

백만장자 사무엘 블랙이 살해당하고 맙니다. 누가 어디에서 무슨 도구로 살해했는지 범인을 빨리 맞추는 사람이 이깁니다. 상대의 패와 나의 패를 비교하며 정답을 맞혀가는 과정을 통해 확률과 통계의 기초 지식을 익힐 수 있고, 그와 동시에 장소와 도구의 이름을 영어로 익힐 수 있습니다. 초등학생 정서에 살인 사건이 다소 잔혹하게 느껴질 수 있지만, 추리 소설을 즐겨 읽는 아이들에게는 범인을 추적하는 탐정이 된 것처럼 매력적으로 느껴질 겁니다.

> 🚀 **게임 목표 : 단서를 통해 범인, 도구, 장소 맞히기**

1. 게임 준비

① 도구 6가지와 사람말 6개를 메인 보드 가운데에 두어요. 이는 플레이어의 추리 내용을 기억하는 데 도움이 됩니다.

인물과 도구 준비

② 각자 원하는 인물과 같은 색깔의 말을 가져와요.

카드와 말 매칭

③ 검은색 추리 카드는 도구, 용의자, 장소에 따라 구분하여 잘 섞은 후, 카드 더미를 올려놓아요.

범인, 도구, 장소 카드 중 1개씩 뽑기

④ 카드 앞면을 보지 않고, 각 더미의 맨 위 카드를 한 장씩 가져와 사건 봉투에 담습니다. 뽑힌 이 카드들이 사건의 정답이 됩니다. 사건 봉투는 게임판 가까이에 두어요.

⑤ 사건 봉투에 담고 남은 카드를 모두 섞은 후 돌아가며 한 장씩 나눠줍니다. 카드 더미가 떨어질 때까지 같은 장수가 되게 나누어 주어요. 받은 카드는 다른 사람이 볼 수 없게 합니다.

⑥ 각자 추리 노트와 연필을 준비하고, 추리 노트는 다른 사람이 보지 못하게 조심합니다. 추리 노트의 해당 칸에 자기의 카드를 표시해요. 내가 가지고 있는 카드는 일단 용의 선상에서 제외합니다.

추리 카드에 기록

⑦ 게임을 진행하면서 한 번에 한 장씩 다른 사람의 카드를 읽습니다. 카드를 볼 때마다 나의 추리 노트에 표시하며 정답을 맞히려고 해요.

⑧ 빨간색 보너스 카드는 잘 섞어 한쪽에 쌓아 두어요. 이 카드로 추가 이동을 할 수 있습니다.

2. 게임 규칙

3명의 플레이어 게임 모습

① 시작할 사람을 정해요. 각자 주사위를 굴려서 가장 높은 수가 나온 사람부터 시계방향으로 게임을 진행합니다.

📢 **Place six tools and six human game pieces in the center.**
(가운데에 6개의 도구와 6개의 사람 말을 둬.)

② 차례가 되면 주사위를 굴리고, 나온 수만큼 칸을 이동하여 방으로 들어가요. 말은 가로, 세로, 위, 아래로 이동할 수 있어요. 필요한 칸수보다 작게 나오면 중앙에 머물러야 하지만 더 많이 나오면 방으로 이동하여 멈춥니다.

📢 **Choose a character card.** (인물 카드를 하나 골라봐.)

☞ Bring the same color game piece. (같은 색 게임 말을 가져와.)
☞ Take the top card of each pile. (각 더미에서 맨 위 카드를 한 장씩 가져와.)
☞ And put them in the envelope. (그것들을 봉투에 담아.)

③ 주사위 수가 적어서 방으로 들어갈 수 없을 때는 보너스 칸으로 가세요. 방으로 들어갈 수 없을 때는 빨간색 보너스 칸을 목표로 이동하는 게 좋아요. 보너스 카드 더미에서 한 장을 가져와 카드에 적힌 지시대로 따라요.

☞ You can go to the bonus space. (보너스 칸으로 가도 돼.)
☞ Do as the card tells you. (카드가 시키는 대로 하렴.)

④ 사건 해결의 실마리를 찾기 위해 추리해요. 방으로 들어가면 이동을 멈추고, '방금 들어간 방, 용의자 한 명, 도구 한 가지'를 추리해야 해요. 예를 들면 차고에 들어간 후 '차고에서, 스칼렛이, 밧줄로 범행을 저질렀어요.'라고 말하면 돼요.

☞ Can you guess the criminal and the tool? (범인과 도구를 추리할 수 있니?)
☞ Scarlett did it with a rope in the garage.
 (스칼렛이 차고에서 밧줄로 범행을 저질렀어요.)

⑤ 추리할 때는 해당 인물의 말과 도구 토큰을 가져와 자기 말 옆에 두어요.
☞ Place them next to your game piece. (그것들을 네 게임말 옆에 두렴.)

⑥ 만약 추리한 사람의 왼쪽 사람에게 추리에 사용된 카드가 한 장도 없다면 '증명할 수 없습니다.'라고 말하고, 게임을 계속해요. 찾아낸 카드를 추리 노트에 표시하고 차례를 마쳐요. 누군가의 손에 들려 있는 카드는 사건 봉투에 없다는 거예요.

☞ Say, 'I can't prove it.' ('나는 증명할 수 없어요.'라고 말하렴.)
☞ Mark the cards you find. (찾아낸 카드를 표시하렴.)

추리 카드에 기록

⑦ 모든 사람이 정답을 거의 알게 된 상황에서는 주사위를 돌려서 판의 중앙으로 가는 게 중요해요. 사건을 해결하기 위해 판의 중앙으로 가서 '식당에서 파이프로 범행을 저지른 그린을 고발합니다.'라고 외쳐요.

📣 I accuse Green. He did it with a pipe in the restaurant.

(저는 그린을 고발합니다. 그는 식당에서 파이프로 범행했어요.)

⑧ 만약 모든 최종 추리에 실패했다면 사건은 미제로 남고, 사건 봉투에서 카드를 모두 꺼내어 사건의 전모를 확인해요.

Dialogue

영어로 아이와 함께 게임을 즐겨 보세요.

Can you guess?
추리 할 수 있겠니?

I think Scarlett did it in the game room with a hammer.
내가 생각하기로는 스칼렛이 망치로 게임룸에서 범행했어요.

Well, I don't think so.
I have a hammer card.
글쎄, 내 생각은 달라.
나에겐 망치 카드가 있어.

Okay, then I can't prove it.
알겠어요, 그렇다면 나는 증명할 수 없어요.

But now you know that the hammer isn't the tool.
하지만 이제 너는 망치가 범행 도구가 아니라는 것을 알았잖니.

That's right.
Can I record it in my guessing book?
맞아요.
내 추리 노트에 바로 기록하면 될까요?

09. The Game of Life 인생 게임

The Game of Life

- ◆ 인원 : 2~4명
- ◆ 난이도 : ★★★★☆
- ◆ 소요시간 : 1시간 30분
- ◆ 목표 : 인생 여정을 마칠 때까지 돈을 많이 모으기
- ◆ 구성품 : 메인 보드 1개, 숫자 회전판 및 지폐 카드 보관함 1종, 지폐 5종 100장, 액션 55장, 휴가 15장, 주택 14장, 학위 직업 카드 8장, 직업 카드 8장, 게임 가이드
- ◆ 의사소통기능 : 안도감 표현하기, 좋아하는 것, 싫어하는 것 표현하기, 선호에 대해 묻기, 선호 표현하기

※ 제조사는 '해즈브로 코리아'입니다.

✅ Key Words

· career 직업   · house 집   · vacation 휴가   · path 길   · mission 미션   · forward 앞으로
· action 액션   · payday 월급날

미래의 직업과 삶에 관한 이야기를 함께 할 수 있는 매력적인 게임입니다. 이 게임에선 직업, 결혼, 자녀, 모험 감수에 대해 선택해야 합니다. 인생 로드는 자기가 정할 수 있지만 여러 가지 모험과 운은 자기가 정할 수 없습니다. 다른 보드게임은 먼저 도착하는 사람이 이기는데, 여기에선 은퇴를 너무 빨리하면 돈을 벌 기회가 적습니다. 주택 구입 및 판매, 휴가, 모험, 이벤트는 액션 카드를 뽑아 진행합니다. 이 게임으로 우리 아이들은 투자와 모험으로 큰 돈을 벌 수도 있지만, 불운에서도 배울 수 있다는 것을 경험합니다.

게임 목표 : 인생 여정을 마칠 때까지 돈을 가장 많이 모으기

1. 게임 준비

① 각자에게 분홍색이나 파란색 사람말 1개, 자동차 1대, 같은 색상의 토큰, 200K를 나누어 줘요.

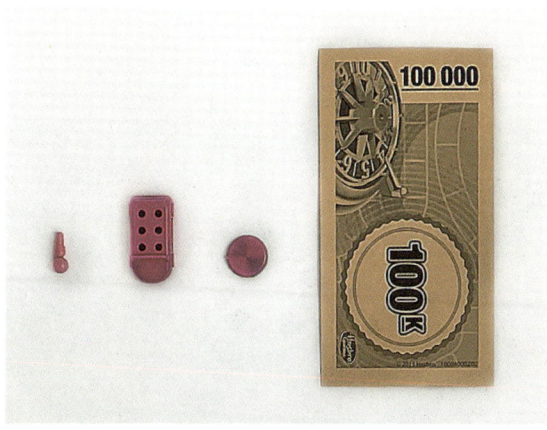

개인 시작 준비물

② 메인 보드와 회전판을 가운데에 두고, 카드 5묶음을 보드 옆에 놓아요.

5가지 종류의 카드

③ 은행원 1명을 뽑습니다. 처음에는 부모님께서 하면 좋아요.

④ 각자 자기의 직업 경로를 선택해요.

(College Path를 선택하면 학위 취득 후에 월급을 받을 수 있고, Career Path를 선택하면 바로 월급을 받을 수 있어요.)

⑤ 자동차에 사람말을 태우고 각자의 Path에서 준비 완료!

게임 시작 준비 모습

2. 게임 규칙

*승리 방법 : 자동차로 시작점부터 은퇴 지점까지 이동하면서 예기치 못한 모험을 합니다. 모두 은퇴했을 때, 가장 돈을 많이 가지고 있는 사람이 이깁니다!

① 자기 차례가 되면 회전판을 돌려 그 수만큼 경로를 따라 이동해요.

☞ **Turn the spinner.** (회전판을 돌려봐.)

☞ **Move as many as the number.** (그 숫자만큼 이동해.)

☞ **Choose a career path.** (직업 경로를 정하렴.)

② 월급날을 지나가게 되면 은행에서 월급을 받아요. 만약 월급 칸에 멈추면 보너스로 100K를 받을 수 있어요.

📣 Where did you land? (넌 어디에 도착했니?)

📣 Check out the space. (칸을 확인해봐.)

* 직업 카드/학위 직업 카드 : 2장을 뽑아 그중에서 선택해요.

* 직업에 따르는 작은 운 : 각 직업에는 행운의 숫자가 있어요. 회전판에서 그 숫자가 나오면 돌린 사람에게서 카드에 쓰인 금액을 받을 수 있어요.

직업 선택하기

③ 게임 보드에서 특정 칸의 미션을 수행하세요. 특정 칸의 미션을 요약하면 다음과 같습니다.

📣 What missions do you have? (너의 미션은 무엇이니?)

📣 Pay the bank 00K. (은행에 00K를 내렴.)

📣 Collect 00K from the bank. (00K를 은행으로부터 받으렴.)

📣 Whenever someone spins □, they pay you 20K.
 (회전판에 □가 나올 때마다 너에게 20K를 줘야 해.)

*월급날 칸(Payday Spaces) : 이 칸을 지나면 해당하는 월급을 받을 수 있어요. 월급날 칸에 멈추면 100K 보너스도 받습니다.

월급 칸

*액션 칸(Action Spaces) : 액션 카드 중에 1개를 뽑아 큰 소리로 읽고 그대로 따라요. 게임이 끝났을 때 이 카드에 대한 돈을 받을 수 있어요.

*룰렛 칸(Spin to Win Spaces) : 숫자를 정하고 회전판을 돌려 그 숫자가 나오면 200K를 은행으로부터 받아요.

*자녀 칸(Baby Spaces) : 자녀를 갖게 돼요. 4명 이상의 아이는 차에 태울 수 없으나 각자의 선택에 따릅니다.

*주택 칸(Houses Spaces) : 집을 사거나 팔 수 있고, 아무것도 하지 않을 수도 있어요. 직업 카드와 같이 2장을 뽑은 다음, 마음에 드는 1개를 선택합니다. 팔 때는 회전판을 돌려서 검정과 빨강 중 해당 색깔의 가격으로 팔 수 있어요.

House 칸

*휴가 칸(Vacation Spaces) : 휴가 카드를 뽑아 미션을 따르고 해당하는 돈을 은행에서 받거나 내야 합니다.

Vacation 칸

*정지 칸(Stop! Spaces) : 정지 칸 중 <졸업>은 학위를 취득한 후의 직업 카드 2장 중 1장을 선택해요. <결혼>은 자동차에 사람 말 1개를 더 꽂는데 축의금을 받기 위해 회전판을 돌려서 빨간색은 50K, 검은색은 100K를 모두에게서 받아요. <자녀>는 회전판을 돌려서 가질 수도 있고, 가족 경로와 인생 경로로 택할 수도 있어요. <휴가 칸(Vacation Spaces)>은 휴가 카드와 같은 기능이지만 정지를 한다는 것만 달라요. <정지! 위험한 경로와 안전한 경로> 중에서 선택하세요.

정지 칸 - 반드시 멈추고 과업 수행

④ 은퇴 후에는 백만장자 저택이나 시골 농장 중 1곳을 선택하세요. 도착 순서에 따라 은행에서 은퇴 보너스를 받습니다.

1등 - 400K, 2등 - 300K, 3등 - 200K, 4등 - 100K

📢 What's your favorite sport? (가장 좋아하는 운동이 무엇이니?)

📢 Keep this card for 100K. (100K를 받기 위해 카드를 가지고 있으렴.)

📢 Choose another player to be your boss, and tell them a joke.

(다른 사람을 너의 상사로 선택하고 그에게 농담해봐.)

📢 If they laugh, collect a bonus from the bank.

(만약 그들이 웃으면 은행으로부터 보너스를 받으렴.)

📢 The bank pays the highest spinner 100K.

(은행은 가장 높은 수의 플레이어에게 100K를 지급한단다.)

⑤ 게임 종료 후에는 남아있는 빚을 갚고 다음과 같이 계산해요.

*집 팔기: 집 가격을 정하고 은행에서 현금을 받아요.

*액션, 휴가 카드는 100K를 받아요.

*자녀 각 1명에 대해 50K를 받아요.

*대출 건에 대해 은행에 60K를 지불해요.

(대출은 50K씩 가능함. 언제든 빌리고 60K로 갚을 수 있음)

*남은 현금을 세어서 가장 많이 가진 사람이 이겨요.

Dialogue

영어로 아이와 함께 게임을 즐겨 보세요.

Do you want to go to college? Do you want to get a job first?
너는 대학에 가고 싶니? 먼저 취직하고 싶니?

I will get a job after college.
저는 대학을 다닌 후에 직업을 가질 거에요.

Okay. Turn the spinner.
좋아. 회전판을 돌려보렴.

I go seven spaces. I should draw an action card.
7칸 이동해요. 액션 카드를 뽑아야 해요.

Spin the wheel. Pick one card and read it aloud.
룰렛을 돌려 보렴. 한 장을 뽑아서 크게 읽어 보렴.

Okay, mom. You're voted 'The Nicest Person Ever!'.
Give everyone a compliment and spin."
좋아요, 엄마. "당신은 가장 좋은 사람으로 뽑혔어요.
모두에게 칭찬하고 룰렛을 돌리세요."

10. 10 Days in the USA 10일간의 미국 여행

10 Days in the USA

- ◆ 인원 : 2~4명
- ◆ 난이도 : ★★★☆☆
- ◆ 소요시간 : 30분
- ◆ 목표 :
  가장 먼저 10일간의 미국 여행 계획 완성하기
- ◆ 준비물 :
  주 타일 50개, 교통편 타일 16개, 타일 홀더 4세트, 게임판
- ◆ 의사소통기능 :
  도움 제안하기, 안도감 표현하기, 놀람 여부 묻기, 제안하기, 권유하기, 금지하기

※ 제조사는 '만두게임즈'입니다.

✓ Key Words

· day 일 · USA 미국 · state 주 · transportation 교통수단 · on foot 도보로
· connect 연결하다 · complete 완성하다 · dump 버리다 · throw away 버리다
· one by one 차례차례

아이들의 외국어 학습 의욕은 외국 고유의 문화, 역사에 대한 지적 호기심으로부터 출발합니다. '10일간의 미국 여행' 게임으로 우리 가족만의 특별한 미국 여행 계획을 세워 보세요. 어느 주에서 출발해서 무엇을 타고 어디를 향해 갈 것인지 계획을 세우다 보면 어느새 아이의 머릿속엔 광활한 미국 지도가 펼쳐집니다. 여행 코스를 따라 대표 관광지, 특산물 등을 간접 체험하며 미국 여행을 만끽할 수 있습니다. 가상 여행으로 의사소통 능력 향상과 더불어 영어권 문화에 대한 이해와 포용의 태도를 길러줌으로써 아이의 글로벌 역량을 키울 수 있습니다.

🚀 게임 목표 : 가장 먼저 10일간의 미국 여행 계획 완성하기

1. 게임 준비

주 타일 50개, 교통편 타일 16개, 타일 홀더 4세트, 게임판

① 게임판을 테이블 중앙에 놓고 각자 타일 홀더를 한 세트씩 가져갑니다.

📢 **Put the game board in the center.** (게임판을 중앙에 놓아봐.)

📢 **Take one set of tile holders each.** (타일 홀더 세트를 하나씩 가져가렴.)

② 모든 주 타일과 교통편 타일을 함께 섞고, 뒷면이 보이게 타일 더미로 만들어요.

📢 **Mix all the state and transportation tiles together.**
  (모든 주 타일과 교통편 타일을 함께 섞으렴.)

타일 더미

③ 각자 더미에서 타일을 1개씩 뽑아 자기 타일 홀더의 빈칸에 놓습니다. 10개의 타일을 가질 때까지 반복하며 타일은 반드시 한 번에 1개씩 놓습니다. 이미 놓은 타일의 위치는 변경할 수 없어요.

📢 **Draw one tile from the pile.** (더미에서 타일 하나를 뽑아봐.)

📢 **Place it in the tile holder.** (타일 홀더에 넣어.)

☞ Repeat ten times. (10번 반복해.)

☞ You cannot change the position of the tile. (타일의 위치는 변경할 수 없어.)

빈칸에 타일 놓기

④ 남은 타일은 뒷면이 보이도록 더미를 만들어 트레이 한쪽에 놓고, 더미에서 타일 3개를 뽑아서 더미 옆에 나란히 펼쳐둡니다. 타일 3개가 놓여있는 자리를 '버린 타일 더미'라고 해요.

☞ Turn the rest tiles upside down here. (남은 타일들은 여기에 뒤집어 놔.)

☞ Spread three tiles next to the pile. (타일 3개를 더미 옆에 펼쳐놔.)

☞ Let's call it a pile of dumped tiles. (이것을 '버린 타일 더미'라고 부르자.)

버린 타일 더미

2. 게임 규칙

① 가장 최근에 미국을 다녀온 사람이 시작 플레이어가 되며 시계방향으로 진행합니다.

📢 **Who visited the U.S.A. recently?** (누가 최근에 미국을 다녀왔니?)

📢 **Let's play the game clockwise.** (시계방향으로 게임을 진행하자.)

② 자기 차례가 되면 타일 더미 또는 버린 타일 더미 중 한 곳의 맨 위에서 타일을 1개 가져옵니다.

📢 **Take the top card from the tile pile.** (타일 더미의 맨 위 카드를 1장 가져와.)

타일 가져오기

③ 가져온 타일을 자기 타일 홀더에 있는 타일 중 하나와 바꿔요. 바꾼 타일은 버린 타일 더미에 앞면이 보이게 버립니다. 가져온 타일을 자기 타일 홀더의 어느 타일과도 바꾸지 않고 그대로 버린 타일 더미에 버릴 수도 있습니다.

📢 **Swap it for one of your tiles.** (그걸로 네 타일 중 하나와 바꿔봐.)

📢 **You can dump it right away.** (바로 버려도 돼.)

- 버린 타일 더미는 항상 세 곳으로 유지돼야 합니다. 버린 타일 더미 중 한 곳이라도 떨어졌다면 그 차례에 타일을 버리는 사람은 반드시 타일이 다 떨어진 자리에 버려야 합니다.

타일 버리기

④ 타일 더미의 타일이 다 떨어지면 버린 타일 더미의 맨 위 타일만 남겨두고 나머지 타일을 섞어 새로운 타일 더미를 만들어 게임을 진행해요.

📢 **We need to make a new pile.** (우리 새 더미를 만들어야 해.)

⑤ 타일은 도보, 자동차, 비행기로 연결할 수 있어요.

· **도보 연결**: 가로 또는 세로로 인접한 두 개의 주가 나란히 있을 때

도보 연결 예시

· **자동차 연결**: 가로 또는 세로로 인접한 두 개의 주 사이 자동차 타일이 있을 때

자동차 연결 예시

· **비행기 연결**: 색깔이 같은 두 개의 주 사이에 같은 색깔의 비행기 타일이 있을 때

비행기 연결 예시

⑥ 10일간의 여행 계획을 먼저 완성하면 이깁니다. 이긴 사람은 모든 타일이 연결되었음을 보여줘야 합니다.

· 완성된 여행 계획은 주 타일로 시작해 주 타일로 끝나야 해요.
· 교통편 타일(비행기 또는 자동차)이 꼭 포함될 필요는 없어요.
· 교통편 타일끼리 나란히 놓여있다면 연결된 것으로 보지 않아요.

☞ **Are all the tiles connected well?** (모든 타일이 잘 연결됐니?)

☞ **You completed the 10-day travel plan.** (10일간의 여행 계획을 완성했구나.)

☞ **Show me your plan.** (네 계획을 보여주렴.)

여행 연결 보여주기

* 꿀팁!

① 타일을 가져올 때는 주 이름을 영어로 읽고 주를 대표하는 이미지가 무엇인지, 지도의 어느 곳에 있는지 확인해요.

② 역사 도서 또는 동영상을 통해 미국의 50개 주 이야기를 살펴보세요. 역사 지식은 늘고 게임 재미는 두 배! 더욱 흥미롭게 게임에 참여할 수 있어요.

③ 미국 지도 게임판을 보면서 가고 싶은 주를 골라 실제로 아이와 10일간의 미국 여행을 계획해 보세요.

Dialogue

영어로 아이와 함께 게임을 즐겨 보세요.

How many states are there in the United States?
미국에는 몇 개의 주가 있을까?

I'm not sure, but I think there are 50 states.
난 정확하진 않지만 내 생각에는 50개의 주가 있어요.

If we travel to America, which state do you want to go?
만약 우리가 미국 여행을 간다면 어느 주에 가고 싶니?

I want to go to Los Angeles.
저는 로스앤젤레스에 가고 싶어요.

I see. But Los Angeles is a city, not a state.
Do you know in which state Los Angeles is?
알겠어. 로스앤젤레스는 주가 아니라 도시란다.
로스앤젤레스가 어느 주에 있는지 아니?

I think California or Virginia.
내 생각에는 캘리포니아 혹은 버지니아에요.

Now let's start our game. Take the top card from the tile pile.
알겠어. 이제 우리의 게임을 시작하자. 타일 파일에서 맨 위의 카드를 가져와.

Thank goodness. I can take the blue car from Oregon to Nevada. It's your turn, mom.
다행이에요. 나는 오리건에서 네바다 주로 파란색 차를 타고 갈 수 있어요. 이제 엄마 차례에요.

Can I help you? You can fly to California now.
내가 널 도와줄까? 너는 지금 캘리포니아로 날아갈 수도 있어.

I haven't got a clue.
전혀 모르겠어요.

PART 03

01. Memory Card Game 메모리 카드 게임

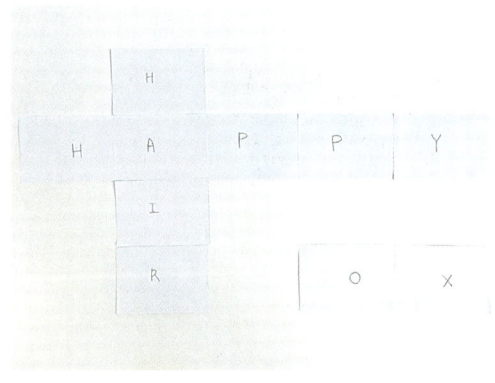

Memory Card

- ◆ 인원 : 2~4명
- ◆ 난이도 : ★☆☆☆☆
- ◆ 소요시간 : 10~15분
- ◆ 목표 :
  영어 카드의 위치를 기억해서 같은 카드 끼리 짝 맞추기
- ◆ 준비물 : A4 용지 2장, 가위, 연필
- ◆ 의사소통기능 : 기억이나 망각 여부 묻기, 상기시켜 주기, 확실성 정도 표현하기

✓ Key Words

· flip 뒤집다   · memorize 외우다   · location 위치   · same 같은   · collect 모으다

본 게임은 카드의 위치를 기억해야 하는 암기 놀이로 누구나 쉽게 할 수 있어 언어 학습에서 많이 사용됩니다. 우리 아이의 영어 수준에 따라 알파벳, 영어 단어, 영어 문장 등 원하는 형태로 카드를 만들어 난이도 조절이 가능합니다. 아이는 영어 카드를 만들면서 읽기, 쓰기를 반복 연습합니다. 영어 카드의 내용과 위치를 기억하고 짝을 맞추는 과정을 통해 어휘력과 집중력이 자랍니다. 말 걸기, 도움 요청하기, 제안하기 등 일상생활에서 자주 쓰는 영어 문장을 게임에 활용한다면 아이의 의사소통 능력뿐만 아니라 대인 관계 및 사회성 발달에 큰 도움이 됩니다.

🎯 게임 목표 : 영어 카드의 위치를 기억해서 같은 카드끼리 짝 맞추기

1. 게임 준비

A4 용지 2장, 가위, 연필

① A4 용지 2장을 각각 8등분 하여 총 16장의 영어 카드를 만들어요.

📢 **We need 16 paper cards.** (우리는 16장의 종이 카드가 필요해.)

📢 **Divide the A4 paper into eight pieces.** (A4 종이를 8조각으로 나눠봐.)

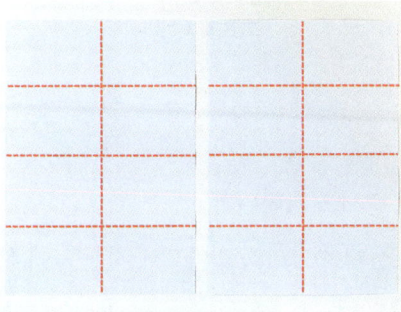

영어카드 만들기

② 학습 주제(인사하기, 도움 요청하기, 제안하기 등)에 알맞은 영어 문장을 카드에 쓰고 같은 문장 카드를 하나 더 만들어요.

📢 **Make two same sentence cards.** (같은 문장 카드를 2장 만들어봐.)

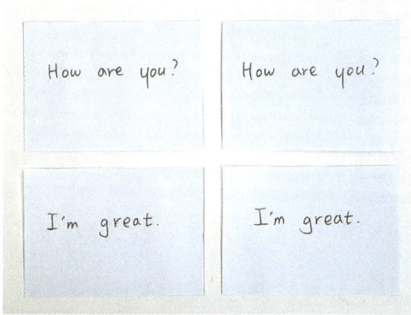

같은 문장 카드 만들기

③ 모든 카드를 뒤집어 가지런히 바닥에 (4×4) 배열로 배치합니다.

📢 **Flip all the cards.** (모든 카드를 뒤집어.)

📢 **Place the card in a four-by-four shape.** (4X4 모양으로 카드를 놓아봐.)

카드 배치하기

2. 게임 규칙

① 가위바위보로 게임 순서를 정합니다.

② 원하는 카드 2장을 선택하여 뒤집고 카드에 적힌 영어 문장을 소리 내어 읽어요.

📢 **Flip two cards and read them out loud.** (카드 2장을 뒤집고 큰 소리로 읽어봐.)

카드 뒤집기

③ 뒤집은 카드 2장이 일치하면 카드를 가져가고 그렇지 않으면 다시 뒤집어 놓습니다.

📢 **Are these the same cards?** (2장의 카드가 같니?)

📣 **If yes, take them.** (만약 그렇다면, 그 카드들을 가져가.)

📣 **If no, turn the card upside down again.**
(만약 그렇지 않다면, 카드를 다시 뒤집어 놓아.)

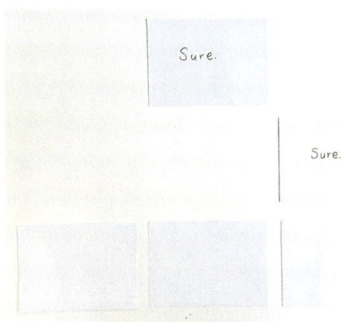

카드 가져가기

④ 바닥에 카드가 없으면 게임이 끝나요.

📣 **When there are no more cards, so the game's over.**
(더 이상 카드가 없으면 게임은 끝나.)

⑤ 카드를 가장 많이 모은 사람이 이깁니다.

📣 **Whoever has the most cards wins.** (카드를 가장 많이 모은 사람이 이긴단다.)

* **꿀팁!**

① 사용한 영어 카드는 잘 보이는 공간에 붙여놓고 자주 접해서 익숙해지게 해주세요.

② 원하는 만큼 카드 수를 늘려 게임을 진행할 수 있어요. 뒤집은 카드 2장이 일치하면 추가로 2장을 뒤집을 수 있는 보너스 기회를 추가해도 좋습니다.

③ (영어 단어 카드-의미 카드) 또는 (영어 문장 카드-의미 카드)를 한 쌍의 카드로 만들어 보세요. 서로 관련 있는 영어 카드, 한글 카드의 위치를 기억해서 짝을 맞춰야만 카드를 가져갈 수 있어요.

'영어 단어 카드-의미 카드'의 예

Dialogue

영어로 아이와 함께 게임을 즐겨 보세요.

Do you remember the position of each card?
Are the two cards the same?
각 카드의 위치를 기억하니?
두 카드가 일치하니?

Yes, they are. / No, they aren't.
네, 일치해요. / 아니요, 일치하지 않아요.

Which cards are remaining?
How many cards did you collect?
어떤 카드가 남아있니?
너는 얼마나 많은 카드를 모았니?

I collected (숫자) cards.
카드 (숫자) 장을 모았어요.

02. Typotionary 타이포셔너리

- 인원 : 2~8명
- 난이도 : ★★☆☆☆
- 소요시간 : 10~15분
- 목표 : 최대한 빠르게 단어 읽어나가기
- 준비물 : A4 종이, 색연필, 사인펜
- 의사소통기능 : 의무 여부 묻기, 의무 표현하기, 유감 표현하기

Typotionary

✓ Key Words

· draw 그리다   · word 단어   · meaning 의미   · express 나타내다
· typhography 타이포그래피   · dictionary 사전

타이포셔너리(Typotionary)는 타이포그래피(Typography)와 사전(Dictionary)을 더한 말입니다. 그림과 글자가 잘 어우러져 사전처럼 뜻을 파악할 수 있습니다. 예를 들면 'winter(겨울)'라는 단어를 공부한다고 생각해볼게요. 무엇이 떠오르는지 먼저 이야기해봅니다. 만약 '눈사람, 산타, 썰매'가 생각났다면 winter라는 단어에 그 그림들이 들어가게 그려 봅니다. 이렇게 완성된 작품을 벽이나 냉장고에 붙여주세요. 워드 월(Word Wall) 역할을 해서 기억이 오래 갑니다.

🚀 게임 목표: 최대한 빠르게 단어 읽어나가기

1. 게임 준비

A4 절반 크기 종이, 색연필, 사인펜

① A4 절반 크기의 종이에 단어의 의미가 드러나도록 타이포셔너리 작품들을 꾸며요.

2. 게임 규칙

① 가족 모두가 타이포셔너리 활동을 해보아요.

② 타이포셔너리 작품을 모아 길게 한 줄로 늘어뜨려요.
📢 **Place the works in a straight line.** (작품들을 한 줄로 늘어놓아.)
📢 **We are going to play 'Reading Race'.** (이 작품들로 Reading Race 게임을 할 거야.)

한 줄로 늘어뜨린 작품들

③ 2명씩 게임을 해요.
📢 **There are two players at a time.** (한 번에 2명의 플레이어가 게임 해.)

④ 게임 플레이어는 단어의 양 끝에 각각 서 있어요.
📢 **Stand at each end.** (양 끝에 한 명씩 서 있어.)

⑤ 시작을 외치면 각자 양 끝에서부터 단어를 읽어나가요.

📢 When I shout 'Go!', you start reading the words.

('시작'을 외치면 단어를 읽어나가기 시작해.)

⑥ 두 게임 플레이어가 만나면 가위바위보를 해요.

📢 When you and your partner meet in the middle, play rock, paper, scissors.

(중간에 둘이 만났을 때는 가위바위보를 해야 해.)

⑦ 진 사람은 다시 처음으로 돌아가서 단어를 읽어나가요.

📢 The loser has to go back to the starting point.

(진 사람은 시작점으로 돌아가야 해.)

📢 Start reading again. (다시 읽기 시작해.)

⑧ 가장 먼저 상대방의 시작점에 도착한 사람이 이겨요.

📢 When one reader gets to the opposite side their team wins.

(반대편 끝에 먼저 도착한 리더가 이긴단다.)

Dialogue

영어로 아이와 함께 게임을 즐겨 보세요.

Rock paper scissors!
가위바위보!

I lost. Do I have to go back to the start?
졌어요. 다시 처음으로 돌아가야 할까요?

I'm (so/very) sorry. You should go back.
(While doing the reading) We met again.
정말 유감이야. 너는 다시 돌아가야 해.
(단어를 읽어나가다가) 또 만났구나.

Rock-paper-scissors! I won this time.
가위바위보! 이번에는 제가 이겼어요.

Yes, I'll go back to the end.
I hope I have better luck next time.
그래, 나는 끝으로 다시 돌아갈게.
다음엔 운이 좋길 기대해.

03. Sleeping Elephants 잠자는 코끼리

Sleeping Elephants

- ◆ 인원 : 2~4명
- ◆ 난이도 : ★★★☆☆
- ◆ 소요시간 : 30분
- ◆ 목표 : 문장 만들기
- ◆ 준비물 : 외우기를 바라는 문장 카드
- ◆ 의사소통기능 : 기억이나 망각 여부 묻기, 상기시켜 주기, 확실성 정도 표현하기

✓ Key Words

· sleeping 잠자는   · elephants 코끼리들   · wake up 일어나다

'Sleeping Elephants'는 단어의 철자나 영어 문장 구성을 익히는데 좋은 게임입니다. 먼저 두 명 이상의 모든 플레이어가 엎드려서 자는 흉내를 냅니다. 진행자가 정해 준 순서로 신호를 받으면 일어나서 짧은 시간 동안 주어진 단어나 구문을 받아 적습니다. 모든 사람이 적은 것을 합하여 주어진 시간 안에 완전한 단어나 구문, 문장을 만들면 됩니다. 엎드려 다른 사람의 내용을 볼 수 없다는 상황에 긴장감이 넘치고, 경쟁보다 협업을 통해 성취감을 느낄 수 있는 활동입니다.

🚀 게임 목표: 단어들을 조합하여 알맞은 문장 만들기

1. 게임 준비

① 형제 아이가 있다면 함께 하면 좋아요.

② 영어 노트와 연필을 준비하세요.

③ 게임을 진행하는 부모님은 간단한 문장을 아이의 수만큼 끊어서 문장 카드를 만들어요. 예를 들면 3명의 아이와 함께한다면 'I went to the zoo.'를 'I went' / 'to the' / 'zoo'로 나누어 준비해요.

2. 게임 규칙

① 진행자가 'sleep'이라고 말하면 아이들은 모두 엎드립니다.

📢 **It's time for everyone to sleep.** (모두 잠잘 시간이야.)

📢 **Close your eyes and put your head down.** (눈을 감고 머리를 숙이렴.)

아이들이 엎드린 장면

② 진행자가 'wake up'이라고 하고 아이의 신체를 살짝 건들면 그 아이만 일어나요. 이 이야기를 게임 진행 전에 말해 두어요.

📣 Sleeping elephants, when I touch you it's time to wake up.

(잠자는 코끼리야, 내가 널 만지면 일어나렴.)

자기 순서일 때 글이나 문장카드를 보기

③ 일어난 아이는 보여준 문장 카드의 내용을 기억하고 다시 엎드려요. 모든 아이들은 돌아가며 각자의 문장 카드를 보게 됩니다.

📣 You have to remember this word. (이 단어를 기억해야 해.)

자기 순서일 때 표현을 받아 적는 모습

④ 모두 다 'wake up'이라고 말하면 일어나서 각자 기억하는 부분 문장과 단어를 조합하여 완전한 문장을 만들어요.

📢 **What word do you remember?** (네가 기억하는 단어는 무엇이니?)

📢 **What sentence can you make?** (어떤 문장을 만들 수 있을까?)

모든 아이가 확인하여 문장을 만들기

⑤ 제한된 시간 안에 몇 개의 완성된 문장을 만드는지 혹은 몇 번 안에 대답할 수 있는지를 정하고 게임을 진행해요.

📢 **Make a sentence in ten seconds.** (10초 안에 문장을 만들렴.)

Dialogue

영어로 아이와 함께 게임을 즐겨 보세요.

 It's time for everyone to sleep.
Close your eyes and head down, please.
모두 잘 시간이에요.
눈을 감고 머리를 숙여요.

 Okay.
알겠어요.

 When I touch you, wake up.
내가 널 만지면 일어나렴.

 Should I memorize that word?
내가 저 단어를 외우면 되나요?

 Yes, remember that word.
Now close your eyes and put your head down. It's your sister's turn to get up.
그래, 저 단어를 기억하렴.
이제 언니 차례니 넌 엎드려서 눈을 감으렴.

 I hope my sister remembers her words.
나는 언니가 잘 외웠으면 좋겠어요.

04. Hangman Game 행맨 게임

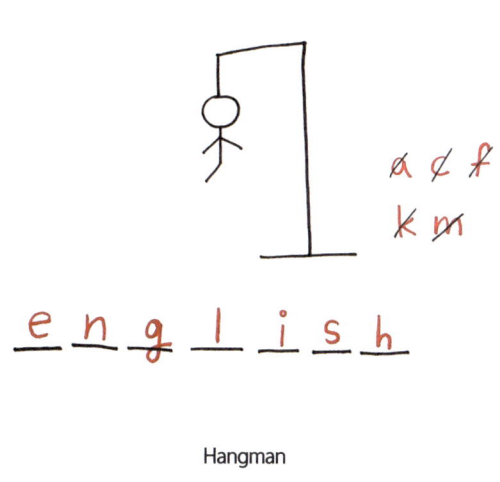

Hangman

- ◆ **인원** : 2명 이상
- ◆ **난이도** : ★★☆☆☆
- ◆ **소요시간** : 3~5분
- ◆ **목표** : 제한 횟수 안에 상대방이 생각하는 영어 단어 맞히기
- ◆ **준비물** : 종이, 필기도구
- ◆ **의사소통기능** : 만족이나 불만족에 대해 묻기, 철자 확인하기, 놀람 표현하기, 충고 구하기, 격려하기

✓ Key Words

· hang 매달다 · man 사람들 · spell 철자를 맞게 쓰다 · guess 추측 · stroke 획
· gallows 교수대 · complete 완성하다

'행맨'은 과거에서부터 오늘날에 이르기까지 전 세계인들이 즐기는 영어 단어 맞히기 게임입니다. 종이와 필기도구만 있으면 언제 어디서든 가능한 추측 게임으로 한 사람은 단어를 생각하고 다른 사람은 제한 횟수 내에 해당 단어의 알파벳을 맞히면 됩니다. 제시한 글자가 틀릴 때마다 교수대에 매달린 사람(행맨)의 모습을 한 획씩 그리고 그림이 완성되면 문제를 낸 사람이 이깁니다. 일부에서는 행맨 그림이 아이에게 잔인하다는 의견이 있어 사과나무, 비행기 등 다른 그림으로 대체하기도 합니다. 본 게임을 통해 단어를 구성하는 철자 단위와 접두사(un, re, pre 등), 접미사(-th, -ship, -ness 등)를 재미있게 배울 수 있습니다.

📢 **게임 목표: 제한 횟수 안에 상대방이 생각하는 영어 단어 맞히기**

1. 게임 준비

종이, 필기도구

① 어떤 사람부터 문제를 낼지 게임 순서를 정해요.
📣 Who wants to go first? (누가 먼저 문제를 내볼래?)

② 문제로 내고 싶은 영어 단어를 떠올립니다.
📣 Think of an English word. (문제로 낼 영어 단어를 떠올려봐.)

2. 게임 규칙

① 종이에 영어 단어의 철자 수만큼 밑줄을 그려요.
📣 Draw lines for each letter. (철자 수만큼 밑줄을 그리렴.)

② 나머지 플레이어들은 단어에 들어갈 것이라 예상하는 알파벳을 하나씩 말해요.
📣 Take turns guessing the letters. (돌아가면서 철자를 추측해봐.)

③ 상대 플레이어가 단어 철자를 맞히면 해당하는 밑줄에 알파벳을 써요.
📣 You got it right. B goes in here. (네가 맞혔어. B는 여기에 들어가.)

④ 상대 플레이어의 추측이 틀렸다면 교수대에 매달린 사람을 1획씩 그려요.
📣 The picture is getting completed. (그림이 점점 완성되어 가는구나.)
📣 Save this man quickly. (빨리 이 남자를 구해줘.)

- 그리는 순서: 머리-몸통-팔-손-다리-발 (약 10획)

행맨 그리는 순서의 예

⑤ 제한 횟수 안에 사람 그림이 완성되면 문제를 낸 플레이어가 이겨요. 반대로 영어 단어가 먼저 완성되면, 단어를 맞힌 사람이 이깁니다.

📢 **You got the English word right. You won.** (영어 단어를 맞혔구나. 네가 이겼어.)

📢 **You didn't save this man. You lost.** (이 사람을 구하지 못했어. 너는 졌단다.)

행맨 게임 장면

* 꿀팁!

① 영어 단어의 주제를 정하면 쉽게 문제를 내고 맞힐 수 있어요.
- 주제 예시: 색깔, 과일, 동물, 식물, 운동, 직업 등

② 단어의 길이가 길다면 눈, 코, 귀 등 행맨에 그릴 부분을 추가하여 상대 플레이어에게 추가 기회를 허용해줄 수도 있습니다.

③ 행맨 그림이 아이에게 미치는 부정적인 영향이 우려된다면 다른 그림으로 변형 게임을 진행할 수 있어요.

변형한 행맨 그림의 예

Dialogue

영어로 아이와 함께 게임을 즐겨 보세요.

I'm not happy with no matching alphabet.
What letter is it?
이번에 매칭되는 알파벳이 없어서 불만스럽구나.
어떤 알파벳이 들어갈까?

I'll pick A. Is that right?
A로 할게요. 맞나요?

What a surprise! There are three As here.
You got three points.
정말 놀랍구나! 여기에는 3개의 A가 있어.
넌 3점이나 얻었구나.

Should I choose consonants instead of vowels now?
이제 저는 모음 대신에 자음을 골라야 할까요?

Well, not necessarily. You will definitely find the answer. You can do it!
글쎄, 꼭 그렇진 않아. 결국엔 답을 찾을 수 있을 거야. 할 수 있어!

05. Banned Word 금지어 게임

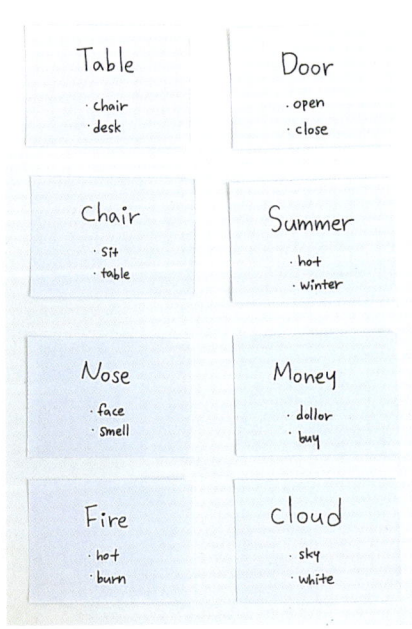

Banned Word

- ◆ 인원 : 3~5명
- ◆ 난이도 : ★★★☆☆
- ◆ 소요시간 : 10~30분
- ◆ 목표 :
  금지어를 사용하지 않고 주어진 단어를 설명하고 맞히기
- ◆ 준비물 : 종이, 연필
- ◆ 의사소통기능 : 확인하기와 서술하기, 확인 요청하기

✓ Key Words

· ban 금지하다 · banned word 금지어 · explain 설명하다

'금지어 게임'은 아이들이 좋아하는 스피드 게임을 응용하여 말하기 능력 향상에 초점을 맞춘 게임입니다. 정답과 직접적으로 연관된 힌트 몇 개가 금지어로 지정되어 있어, 아이들은 자신이 아는 단어를 총동원하여 문장으로 구성하여 말하는 연습을 할 수 있습니다. 게임을 통해 내가 상대의 설명을 듣고 정답을 맞히고, 또 나의 설명을 듣고 상대가 정답을 맞히다 보면 아이들의 영어 말하기와 듣기에 대한 자신감이 쑥쑥 자라날 것입니다.

 **게임 목표 : 금지어를 사용하지 않고 주어진 단어를 설명하고 맞히기**

1. 게임 준비

① A4 종이를 8등분으로 접어요.

② 맞혀야 하는 단어를 각 칸에 적어요. 부모님이 정해주는 것도 좋습니다.
📢 **I'll write the words.** (내가 단어들을 쓸게.)

③ 단어 아래에 그 단어를 설명할 때 사용하면 안 되는 금지어를 2개씩 적고, 각 칸을 가위로 오려요.
📢 **Don't say these words when explaining.** (설명할 때 이 단어들은 말하지 마.)

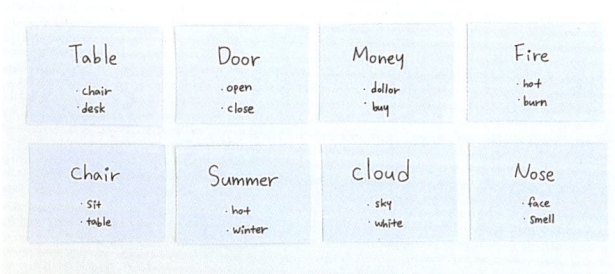

Banned Word 게임카드

④ 내용이 보이지 않도록 종이를 두 번씩 접어서 모아요.

2. 게임 규칙

① 가위바위보로 순서를 정해요.

② 이긴 사람부터 종이를 하나씩 뽑아, 나온 단어를 설명해요. 설명 중 금지어는 사용할 수 없어요.

📢 Draw a piece of paper. (종이를 하나 뽑아봐.)

📢 Explain the word without using the banned words.
　(금지어를 사용하지 않고 단어를 설명해보렴.)

③ 정답을 아는 사람은 손을 들고 말해요. 정답을 시도했다가 틀리면 나머지 사람들이 정답을 시도할 때까지 추가로 시도할 수 없습니다.

📢 If you know the answer, raise your hand. (정답을 알겠으면 손을 들어봐.)

📢 You guessed wrong. Wait for a while. (추측이 틀렸으니까 잠시 기다리고 있으렴.)

④ 정답을 맞힐 경우, 문제를 낸 사람과 정답을 맞힌 사람 모두 1점씩 얻어요.

📢 Your answer is correct. You and I each get one point.
　(네 답이 맞아. 너랑 나랑 1점씩 얻었어.)

⑤ 준비한 단어를 모두 맞히면 게임이 종료돼요. 총점이 가장 높은 사람이 이깁니다.

📢 You got the highest score. (네 점수가 가장 높구나.)

* 꿀팁!

수준에 따라 단어 설명 중 영어 사전을 활용할 수 있도록 합니다.

Dialogue

영어로 아이와 함께 게임을 즐겨 보세요.

You choose a word first and explain it.
네가 먼저 단어 하나를 골라서 설명해보렴.

People can breathe with this. There's only one in our body.
사람은 이걸로 숨을 쉴 수 있어요. 우리 몸에 하나밖에 없어요.

Is it 'mouth'?
정답이 '입'이니?

No! Let me explain more. There are two holes.
아니에요! 더 설명해볼게요. 이건 구멍이 두 개 있어요.

Oh, it's 'nose'! You're so intelligent.
아, 코구나! 너는 정말 영특하구나.

Thank you, mom. Yes, that's right!
고마워요. 엄마. 정답이 맞았어요!

What were the banned words?
금지어가 뭐였니?

The banned words were 'face' and 'smell'.
'nose'의 금지어는 'face'랑 'smell'이었어요.

06. Guess the Word! 단어 추리 게임

□ □ □ □

승연
hand X
moon O
nose X
five O
girl △
blue △

민정
long △
book O
cloud △
cold O
make O
milk ◎

Guess the Word

- ◆ 인원 : 2~5명
- ◆ 난이도 : ★★★☆☆
- ◆ 소요시간 : 5~10분
- ◆ 목표 : 술래가 정한 단어를 추측하여 맞히기
- ◆ 준비물 : 게임 진행 종이, 개인 종이, 연필
- ◆ 의사소통기능 : 확인 요청하기, 설명 요청하기, 확인하기와 상술하기, 철자·필기 요청하기

✓ Key Words

· guess 추측하다, 알아맞히다 · same 똑같은 · letter 글자

'Guess the Word!' 게임은 정답 단어의 각 글자를 추측하며 점차 범위를 좁혀 정답을 맞히는 게임입니다. 술래가 정한 정답과 같은 글자 수의 단어들을 생각해내면서 우리 아이의 어휘력은 크게 향상될 거예요. 또한, 단순히 아무거나 말하지 않고, 정답과 일치하는 정도에 따라 술래가 달아주는 O, △, × 표시를 보고 논리적으로 추론하며 정답을 찾아야 하기에 논리적으로 사고하는 능력과 주의깊게 듣는 능력을 길러줍니다.

> 🚀 게임 목표 : 술래가 정한 단어를 추측하여 맞히기

1. 게임 규칙

① 가위, 바위, 보로 술래를 정해요.

② 술래는 마음속으로 단어 하나를 생각하고, 생각한 단어의 글자 수에 맞게 게임 진행 종이에 빈칸을 그려요.

📢 Minsoo is 'it'. Think of a word in your mind.
(민수가 술래구나. 단어 하나를 마음속으로 생각해봐.)

📢 How many letters does the word have? (그 단어는 철자가 몇 개니?)

📢 Draw four squares. (4개의 네모를 그려봐.)

철자 수대로 네모 빈 칸을 그리기

③ 나머지 사람들은 돌아가며 글자 수에 맞는 단어를 추측하여 빈칸 아래에 써요.

📢 Write any word that has four letters. (철자가 4개인 단어를 아무거나 써봐.)

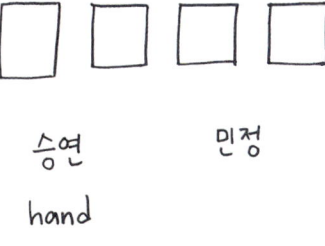

단어를 추측하여 쓰기

④ 술래는 다른 사람들이 쓴 단어가 정답 단어에 얼마나 가까운지에 따라 단어 옆에 ○, △, × 표시를 해요. 글자가 정답 단어와 전혀 같지 않으면 ×, 1개 이상 같으면 △, 글자와 위치까지 같은 게 있으면 ○ 표시를 합니다.

📢 **It has more than one of the same letter.** (여기에는 같은 철자가 1개 이상 있어.)

📢 **This is completely wrong.** (이 단어는 완전히 틀렸네.)

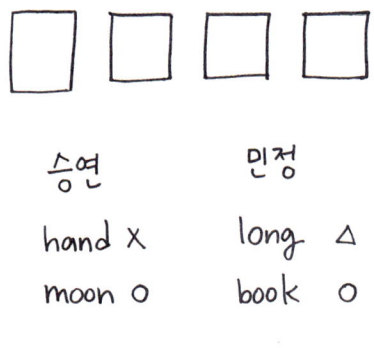

추측한 단어 옆에 기호를 표시하기

위 예시의 경우 'hand' 옆에 술래가 × 표시를 했으므로 정답 단어에 'h', 'a', 'n', 'd'는 들어가지 않는다는 것을 알 수 있어요. 'long'에는 △ 표시가 있으니까 'l', 'o', 'n', 'g' 중에 정답 단어에 들어가는 글자가 있다는 것을 알 수 있어요. 그런데 앞에서 'n'은 정답 단어에 포함되지 않는다는 것을 알았으니 후보는 'l', 'o', 'g'가 되겠네요. 그런데 'moon'에는 술래가 ○ 표시를 했어요. 그러면 이 중에 정답 단어와 위치까지 같은 글자가 있다는 뜻인데, 'n'은 정답 단어에 들어있지 않다고 했으니 제외하고 생각해봅시다. 만약 두 번째 'o'가 같다면 'long'에도 ○ 표시해야 하는데, 그러지 않았으니 첫 번째 'm' 또는 세 번째 'o'가 정답 단어와 같다는 것을 추리할 수 있어요. 이런 방식으로 개인 종이에 후보 글자들을 쓰고 지워가며 정답 단어를 추리해나갑니다.

⑤ ④번 활동을 반복하다가 먼저 정답을 추측하여 맞히는 사람이 이깁니다.

📢 **Can you guess the answer?** (정답을 추리할 수 있겠니?)

📢 **You're right! You're the guessing king.** (네가 맞았어! 너는 추리왕이구나.)

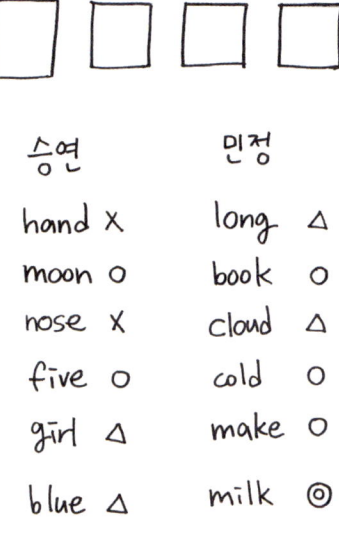

정답 단어를 찾은 모습

* **꿀팁!**

① 정답 단어 글자 수를 제한하여 난이도를 조절할 수 있어요.

② 게임을 시작할 때 개인 종이에 a~z까지 써두고 정답에 포함되지 않는 글자들을 지워나가는 것도 도움이 돼요.

③ 게임 진행 중 정답을 맞히기 너무 어려우면, 힌트로 글자 하나를 공개할 수 있어요.

④ 상황에 따라 영어 사전을 활용할 수 있도록 해요.

Dialogue

영어로 아이와 함께 게임을 즐겨 보세요.

The answer word has four letters. Let's guess the word.
Take turns writing four-letter words.
정답 단어는 네 글자구나. 단어를 추측해보자.
네 글자 단어를 돌아가며 써보렴.

'hand'
'hand' 요.

That's X. None of the letters match.
그건 X야. 정답에 같은 글자가 없어.

What about 'long'?
'long'은?

That's a triangle. One letter is the same.
그건 △야. 같은 글자가 하나 있어.

How about 'moon'?
'moon' 은 어때?

Oh, that's an ○. There's the right letter in the right place.
오 그건 ○ 야. 정답에 위치가 같은 글자가 하나 있어.

Can you tell me what the letter it is?
그게 어떤 글자인지 알려 주면 안 돼?

I'll tell you only this time. The first letter is the same.
이번만 알려줄게. 첫 번째 글자가 같아.

영어 보드게임에서 자주 쓰는 영어표현

* 보드게임에서 자주 쓰는 단어

구성품, 부속품 components

주사위 dice

카드 card

카드 뭉치, 카드덱 deck = a deck of cards = pack

타일 tile

게임 말 game piece

미니어처 miniature

칩 chip

평평하고 작은 조각 chit

코인 coin

보드 board

팀 team

가위바위보 Rock paper scissors

순서, 차례 turn = go = move

시계방향 clockwise

반시계방향 anticlockwise = counter clockwise

보너스 문제, 추가 문제 bonus question

조커 Joker

패스 Pass

속이기 Cheating

1점 마이너스 Minus one point

단서, 힌트 Clue, Hint

섞기 Shuffle = Mix (up)

포인트 Points

총점 total (score)

1라운드 Round one = the first round

시작 칸 start = the first square

묶음, 꾸러미, 팩 pack

스피너 spinner

초심자의 행운 beginner's luck

이긴 사람 winner (= First place)

2등 한 사람 second place (= Runner up)

꼴찌 The wooden spoon (= Last place)

* 게임 준비하기

책상 위를 정리하세요. Clear your desks.

책이나 연필을 치우세요. Put your books and pencils away.

책상 위에 공간을 좀 만드세요. Make some room on your desk.

각자 말 하나씩 필요해요. You need one game piece each.

게임 말로 쓸 것을 하나 고르세요. Choose something that you can use as a game piece.

무슨 색깔 말을 고르고 싶나요? What color game piece do you want?

당신의 말을 시작 칸에 두세요. Place your game piece on the start(on the first square).

서로 다른 말을 고르세요. Choose a different piece each.

원을 만들어 보세요. Make(stand in) a circle.

두 줄을 만들어 보세요. Make(stand in) two lines.

서로 마주 보세요. Face each other.

이쪽을 보세요. Face this way.

다른 쪽을 보세요. Face the other way.

둥글게 돌아보세요. Turn around.

앞으로 나오세요. Come to the front. = Come up here.

* 짝이나 팀 정하기

짝을 지어보세요. Get into pairs. = Find a partner.

4인 1조를 만들어 보세요. Get into groups of four. = Find four partners.

4개의 팀을 구성하세요. Make(get into) four teams.

여기는 A팀입니다. This is team A.

함께 활동하세요. Work together.

남자팀과 여자팀을 구성하세요. Make(get into) a boys' team and a girls' team.

팀 이름을 정하세요. Decide on your team names.

팀 이름이 무엇인가요? What is your team name?

팀 이름을 말해주세요. Tell me your team name.

여기에 팀 이름을 쓰세요. Write your team names here.

이 리스트에서 팀 이름을 고르세요. Choose a team name from this list.

* 게임 설명하기

주사위를 던지세요. Throw the dice = Roll the dice.

차례대로 주사위를 던지세요. Take turns throwing the dice.

게임은 시계방향으로 진행됩니다. Play moves clockwise.

테이블에 펼쳐요. Spread across the table.

이 공으로 뭘 할 수 있을까요? What do we do with this ball?

공을 다음 사람에게 패스하세요. Pass the next person the ball.

나랑 같이 게임을 시연해볼 사람 있나요? Who would like to demonstrate the game with me?

이 게임을 이미 알고 있는 사람이 있나요? Does anyone already know this game?

이 칸에 도착하면… If you land on this square…

당신의 순서일 때… When it is your turn…

테이블에 뒤집어 놓아요. Face down on the table.

6이 나오면 한 번 더 기회가 생겨요. If you throw a 6, have another go.

* 게임 이해도 확인하기

얼마나 오랫동안 게임을 할까요? How long do you have to play the game?

누가 이기나요? Who is the winner?

게임에서 이기려면 어떻게 하나요? How do you win the game?

규칙이 무엇이죠? What are the rules?

이것은 어떤 용도로 쓰나요? What is this for?

이것은 무엇을 뜻할까요? What does this mean?

질문 있나요? Are there any questions? = Does anyone have any questions?

게임 방법에 대해 질문 있나요? Any questions about how to play?

…가 있는지 확인하세요. Make sure there is…

한 번 더 설명해줄 수 있나요? Can you explain that one more time?

준비되었나요? Are you ready?

준비, 시작!

Ready, steady, go! = On your marks, get set, go! = Wait for it, wait for it, go!

* 카드 나누기

섞어요. Shuffle them.

완전히 잘 섞어요. Shuffle thoroughly.

모든 카드를 나눠주세요. Deal out all the cards.

5장씩 카드를 나눠주세요. Give five cards to each player.

나머지는 가운데에 두세요. Put the rest in the middle.

같은 수의 카드를 각자에게 나눠주세요. Give an equal number of cards to each player.

카드 5장을 받되, 아직 보진 마세요. Take five cards, but don't look at them yet.

카드를 봐도 되지만, 파트너한테 보여주는 건 안 돼요.

You can look at the cards, but don't show your partner.

* 순서 정하기

가장 높은 숫자인 사람이 먼저 시작합니다. The player with the highest number goes first.

누가 먼저 할지 결정하기 위해 가위바위보를 합니다.

Play rock, paper, scissors to see who goes first.

동전을 던지세요. Flip(toss) a coin.

앞면으로 할래요, 뒷면으로 할래요? Heads or tails?

누구부터 시작할래요? Who'd like to start?

먼저 시작할 사람 있나요? Any volunteers to go first?

나는 먼저 시작하기 싫어요. I hate going first.

나는 마지막에 하기 싫어요. I hate going last.

* 순서 확인하기

누구의 순서인가요? Whose turn(go) is it?

누가 다음 순서인가요? Who's next?

내 순서인가요? Is it my turn(go)?

제가 다음 순서인가요? Am I next?

당신 순서예요. It's your turn. = You're up. = You can go.

당신이 다음 순서예요. You're next.

이미 했나요? Did you already go?

나를 빼먹었어요. You skipped me(my turn).

내 순서는 이미 했어요. I already went.

내 순서는 방금 했어요. I just went. = I'm done.

* 게임 하기

다시 해보세요. Try it again.

3칸 앞으로 가세요. Move forward three squares.

3칸 뒤로 가세요. Go back three squares.

거기에 쓰여 있는 것을 하세요. Do the thing that is written there.

나는 주사위 5가 나왔어요. I rolled a 'five'.

주사위가 왜 이러지? (주사위 눈이 자꾸 불리하게 나올 때) What's wrong with these dice?

꾸러미에서 카드를 1장 가져오세요. Take a card from the pack.

카드를 1장 받으세요. Take a card.

카드를 1장 집으세요. Pick a card.

카드 뽑았나요? Did you draw your card?

이미 뽑았나요? Did you draw already?

카드 1장을 카드덱의 맨 위에서 가져오세요. Take a card from the top of the deck.

여기 있어요. Here you are!

그냥 해요. Just go.

당신은 …을 버려야 해요. You have to discard…

그렇게 할 수는 없어요. You can't do that.

좋은 자리는 다 차지했어요. All the good spots are taken.

좋은 자리가 남지 않았어요. There aren't any good spots left.

내가 딱 원하던 겁니다. Just what I needed!

기다려요, 아직 하지 말아요. Hold on, don't go yet.

잠깐만. 내가 찾아봐야겠어요. Hold on. I need to look it up.

너무 많이 이동했어. You moved too many spaces.

당신이 속였군요. You cheated.

누가 이 카드를 나눈 건가요? Who dealt these cards?

딱 1장 남았어요. Just one card left.

당신이 …에 도착했군요. You've landed on…

* 퀴즈 풀기

한 번만 추측할 수 있어요. You can only have one guess.

만약 잘못 추측했다면… If you guess wrong…

1점을 잃습니다. You lose one point.

다음 팀에게 순서가 넘어갑니다. Play passes to the next team.

힌트(단서)가 필요한가요? Do you need a hint(clue)?

시간이 더 필요한가요? Do you need more time?

답변 시간이 20초 남았어요. You have twenty seconds to answer.

이게 최종 답변인가요? Is that your final answer?

질문을 고르세요. Choose one question.

팀에서 답을 하나로 정해야 해요. You have to agree on an answer with your team.

확실해요? Are you sure?

* 점수 확인하기

점수를 모두 더하세요. Add up the points(scores). = Count up your points.

몇 점을 얻었나요? How many points did you get?

* 게임 마무리하기

자리로 돌아가세요. Go back to your seats.

재미있었죠? That was fun, wasn't it? = Did you have fun?

시간이 없어요. Time's running out.

10초밖에 안 남았어요. Only ten seconds left.

서둘러요. Hurry up.

시간이 다 됐어요. Time's up.

거기서 멈추세요. Stop there.

게임이 끝났습니다. Game over. = The game is over.

1라운드만 남았어요. There will be just one more round.

나는 재대결을 원해요. I want a rematch.

한 번 더 합시다. Let's go again.

좋은 게임이었어요! Good game!

* 승패 결정하기

가장 많은 카드(점수)를 가지고 있는 사람이 이깁니다.

The person with the most cards(points) is the winner.

가장 적은 카드를 가지고 있는 사람이 이깁니다.

The person with the fewest cards(points) is the winner.

이 팀이 이겼습니다. This team is the winner.

무승부입니다. It's a draw.

모든 사람이 이겼습니다. Everyone wins. = Everyone is a winner.

상은 …입니다. The prize is…

그가 이긴 것 같아요. I think he just won.

놀면서 배우는 엄마표 영어 보드게임

초판 1쇄 인쇄 2022년 11월 11일
초판 1쇄 발행 2022년 11월 23일

지은이   김윤신 김영미 이승연 김민정

편집   김지홍
디자인   조혜원

펴낸곳   도서출판 북트리
펴낸이   김지홍
주소   서울시 금천구 서부샛길 606 30층
등록   2016년 10월 24일 제2016-000071호
전화   0505-300-3158 | 팩스 0303-3445-3158
이메일   booktree11@naver.com
홈페이지 http://booktree11.co.kr

값   18,000원
ISBN   979-11-6467-120-5 13370

· 이 책은 저작권에 등록된 도서로 저작권법에 따라 무단전재 및 복제와 인용을 금지합니다.
· 이 책 내용의 전부 및 일부를 이용하려면 저작권자와 도서출판 북트리의 서면동의를 받아야 합니다.
· 잘못된 책은 구입하신 서점에서 바꾸어 드립니다.